# 如何让孩子乐学善学

## ——自主学习力提升的理念与方法

姬文广 著

·郑州·

## 图书在版编目（CIP）数据

如何让孩子乐学善学：自主学习力提升的理念与方法 / 姬文广著. -- 郑州：河南大学出版社，2021.7
ISBN 978-7-5649-4787-3

Ⅰ.①如… Ⅱ.①姬… Ⅲ.①中小学生-学习能力-能力培养 Ⅳ.① G632.46

中国版本图书馆 CIP 数据核字 (2021) 第 139265 号

河南省教育科学规划重点课题
基于学习力理论的中小学学业导师课程研究 （课题编号：〔2020〕- JKGHZD-20）

如何让孩子乐学善学：自主学习力提升的理念与方法
RUHE RANG HAIZI LEXUE SHANXUE：ZIZHU XUEXILI TISHENG DE LINIAN YU FANGFA

责任编辑　席　兵
责任校对　毛晓旭
封面设计　郭　灿

出版发行　河南大学出版社
　　　　　地址：郑州市郑东新区商务外环中华大厦 2401 号
　　　　　邮编：450046　　电话：0371-86059701（营销部）
　　　　　网址：hupress.henu.edu.cn

排　版　河南大学出版社设计排版部
印　刷　河南瑞之光印刷股份有限公司
版　次　2021 年 7 月第 1 版　　　　　印　次　2021 年 7 月第 1 次印刷
开　本　710 mm×1010 mm　1/16　　　印　张　19
字　数　270 千字　　　　　　　　　　定　价　50.00 元

版权所有，侵权必究。
本书如有印装质量问题，请与河南大学出版社营销部联系调换。

# 穿越迷雾森林，来一场英雄之旅

老师："近年来，党和国家对学生的全面健康发展提出了新的更高要求。如何能让不同学科教师在促进学生学业发展方面的教育更具实效？"

家长："立德树人，新时代家庭教育的要义是什么？如何能让养育更具实效？"

学生："新时代，我想要实现自我价值，如何能让我当下的学业和我以后的人生链接的更加密切，更有利于未来自我价值的实现呢？"

学生学业发展生态环境中的三大主体——教师、家长及学生自己，从各自不同的角度提出了学业发展过程中的疑惑，我们称之为发展道路上的迷雾。为了穿越迷雾，笔者尝试从学业发展的角度，对学业发展过程中的三大主体进行了探索与分析，希望可以带着他们来一场英雄之旅。

## 一、我们在谈论学业发展的时候，究竟在谈什么？

作为学业发展生态环境中的三大主体——教师、家长及学生自己，在学业发展过程中，有着不同的角色发展需求，不一样的发展起点和终点，因此不同角色在发展过程中就需要不一样的资源、行动和发展方案，这也就意味着他们在各自的发展道路上会看到不同的"迷雾"，从这个意义上讲，学业发展便是一场"穿越"。不同角色，有怎样的学业发展起点和终点，便会有怎样的发展"道路"和"穿越",这是必须去向往、去探索、去谋划的。

那么,学业发展究竟是一场怎样的"穿越"呢?我们尝试着将其理解为名词、动词,又或者将其作为人的发展来进行分析。我们发现,学业发展在一定程度上就是从起点走到终点的那个人,从这个意义上讲,"学业发展即人",学业发展即是一场"英雄的旅程",学业发展如何成就学生的学业状态,需要从"一个真正的人是怎样形成的"这一命题出发。

## 二、多元环境背景下中小学生呈现出的不同学业状态

中小学生的学业发展受到个体和环境综合作用的影响。一方面,从个体因素来看,中小学生正处于身心迅速发展的阶段,也是价值观发展和形成的关键期,是一个个充满可塑性、变化性的鲜活个体。另一方面,从环境因素来看,在多元文化交融的社会大环境之下,中小学生的学业发展呈现出新特点,他们更加擅于学习新事物,具备更加多元丰富的知识和技能,但同时也面临更激烈的社会竞争、更大的学习压力,也承受着更多的外界影响。同时,家庭与学校环境的差异也作用其中。因此,在多元文化交融的背景下,中小学生的学业发展受到个体差异性、环境差异性等多种因素的交互影响,也便呈现出了不同的学业状态。笔者观察到,学生的学业状态大概有如下几种:

自我成长型:这类学生以知识的获取为学习的乐趣,具有很强的求知欲。

价值实现型:这类学生呈现出精神饱满的学习状态,他们知道自己向往什么样的生活,想要从事什么样的职业,实现什么人生价值。

按部就班型:这类学生可能在学习兴趣或动力上不如自我成长型与价值实现型,每天对自己布置的任务便是完成各科老师布置的任务,按部就班的来学习。

有心无力型：这类学生通常是那些学习比较努力，但成绩却不太理想的那波人。久而久之，便会出现付出与收获不匹配的心理，产生失落、无奈与无助的情绪，想要学习好，却觉得自己做不到，心有余而力不足。

动力不足型：这类学生对自己的兴趣、志向很懵懂，不知道人生的意义是什么，很迷茫，不知道自己想成为什么样的人。他们通常表现为只是上学，却不知为何上学，这些学生在学习中总是处于被动消极的状态。

兴趣缺失型：这类学生通常表现为对学习失去了兴趣，学生一旦对学习失去了兴趣，学习就会成为他们的负担。他们或者对学习产生抵触情绪，或者对学习产生恐惧，干脆逃避或回避学习。

恐惧厌恶型：这类学生往往是很乖的孩子，从小便在父母、老师、同学等的期待和认同中，确认自己的价值，成为他们喜欢的人，努力学习的目的在很大程度上是为了维持自己在他人心中的自我形象，也就是自己的"人设"，如"好孩子"、"学霸"。每天都处于被评价之中，久而久之，发展成了对被评价的恐惧，甚至发展为对学习的厌恶。

懈怠躺平型：这类学生通常是由于和那些学习效率较高的同学比较之后而产生落差感。这种被比较之后的落差感，造成学生误认为自己不是学习那块料，出现懈怠心理，用躺平来逃避现实的学业压力。

## 三、不同角色穿越过程中的迷雾

学校是学生学业状态养成的主阵地，是教师角色"穿越"的主要场所。家庭是学生学业状态孕育的场所，是家长角色"穿越"的主要场所。学生自己则是学业状态唤醒的主体，也是"穿越"的主体。由此看来，学生学业状态的养成有点类似于一体两翼式的发展，以学生为主体，以家长和教师为助力，促进学业状态的"飞越"。而在"飞越"的过程中，无论是教师、家长、还是学生自己，都有一个共同的疑惑——学生形成不同学业状态背后的原因到底是什么？怎么做能减少消极因素，增强积极因素？这便是三个主体当下所遇到的迷雾，看清迷雾，穿越迷雾，也就成了学业状态发展的关键一环。

我们的前期调查发现，在新冠疫情冲击之下，学生不同的学业状态体现的尤为明显，有的学生失去了课堂环境管控和外在约束，又缺乏自主学习的能力和动力，教师尽心尽力却鞭长莫及，家长焦头烂额却频发亲子冲突。当然，也有一些学生能够一如既往、按部就班，不仅高质量完成学习任务，甚至还对未来的考试成绩有更为乐观的预期。显然，这两类学生的一个显著区别，就在于是否能够"自主学习"，换句话说，就是是否具有一种"自主学习力"。这种自主学习力的差异，与学习行为背后潜藏的力量有关，这种力量既包括学习能力，也包括学习动力，还包括因能力和动力不足而造成的各种个人的内部障碍。

那么，这种"自主学习力"到底是一种什么样的学业发展优势？这些优势又是如何发展起来的？面对未来成长过程中不确定的风险，以及信息时代带给学习方式的挑战，作为教师、家长和学生自己，应该采用什么干预措施，通过什么途径，可以培养学生的这些学业发展优势？

对教师来讲，教师肩负着教书育人的职责和使命，总是在通过直接或间接的方式影响学生的学习状态。但是面对学生发展的新特点、时代环境的新挑战、国家政策的新要求，中小学教师，尤其是占教师主体的广大班主任和学科教师所承受的育人工作的压力和难度越来越大，迫切需要了解影响学生学业发展的因素，掌握提高学生学习能力和动力的方法策略。

对家长来讲，家庭是人生的第一课堂，家长是孩子的第一位教师，也是孩子的终身教师，孩子学习状态的养成离不开家长的言传身教。家长群体迫切需要了解家庭环境、自身言行对孩子学业状态的影响，自觉主动地创造有利的家庭环境并注意自己的行为方式，帮助、影响孩子形成良好的学习状态。

对于学生来讲，学习与未来的理想生活是有着紧密连接的，而连接的紧密程度，直接影响着学生当下的学业状态。知觉到学习的意义、生命的价值，可以帮助学生唤醒自主学习力，促进良好学业状态的养成。

因此，为全体教师、家长及学生自己提供学业方面的专业支持，提高家长在教育孩子、教师在教书育人、学生自身在学习过程中，促进良好学习状态的养成和发展的方法策略，是一项需要长期研究和实践的重要工作。为了更好的落实党的教育方针，回应学生全面健康发展、教师育人实践、家长高效养育的需求，我们在广泛调研学生自主学习现状和需求的基础上，从理论知识加实践应用的综合思路出发，编写了本书，致力于为广大中小学教师、家长及学生自己提供一套在日常工作和生活中促进学生自主学习的指导用书。

希望大家在共同"读懂"学业发展的过程中协同开展育人实践创新研究，促进儿童和青少年健康成长。

# 理论简介：理解自主学习力

## 一、基本目的

通过测验和练习，可帮助教师：

★快速进行深层学情诊断，看到影响学习的动力、能力和阻力。

★看到影响学习的动力、能力和阻力的发展状况。

★比较不同个体、群体的深层学情状况。

★实施有针对性的自主学习力训练。

★在各科课程中因材施教。

通过测验和练习，可帮助学生：

★识别自己学习中有哪些具体的动力、能力和阻力。

★看到各种学习动力、能力和阻力如何影响自己的功课。

★增强学习动力和能力，减少学习阻力。

★充分利用自己能力，有效解决难题。

★在学校取得更好的分数，更加享受学校生活。

即使在学生时代结束之后，现在发展的学习动力和能力，将给他带来丰厚的回报。不仅如此，在未来的生活工作中，现在发展起来的学习动力和能力，将依然是重要的个人优势和内在资本。

## 二、基本方法

通过测评,可以让学生对自身学习动力、能力和阻力各方面有一个全面的觉察,为学习自主性提升提供练习依据。根据测验结果(下图),结合学生其他方面情况,指导学生进行相应练习。

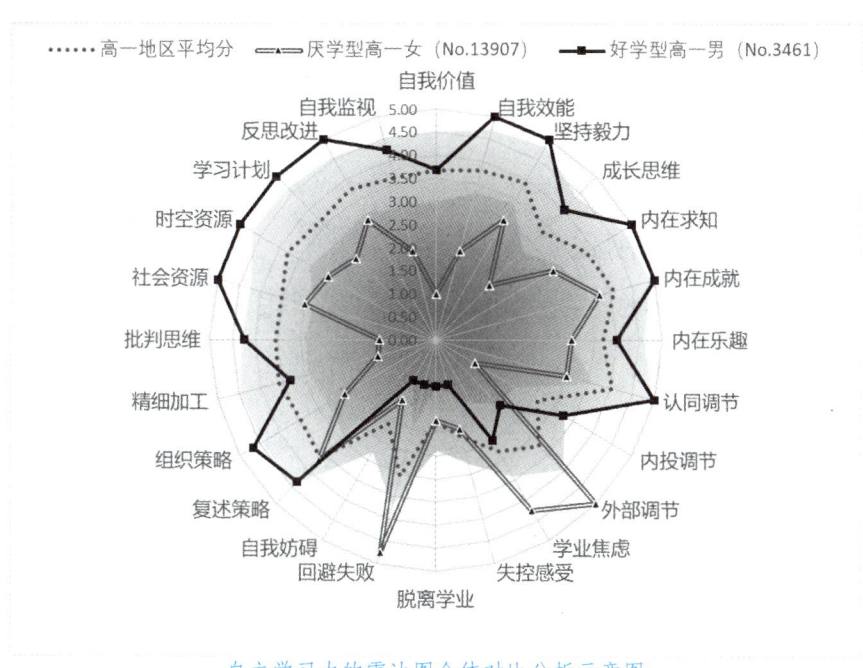

自主学习力的雷达图个体对比分析示意图

★根据练习情况,给出积极反馈,并决定是否做其他确认测验和相应练习。

★及时盘点收获,巩固已有成果。

★及时应用成果,促进新习惯形成。

## 三、基本概念

什么是自主学习力?学习动力、能力和阻力又是什么?

"自主学习力"(potential of self-regulated learning, PSRL)是描述与学生自主学习相关各方面的潜力的综合指标,包含能力(ability)、动力

（motivation）和阻力（resistance）三个主要成分，可形象的用"火箭模型"来表示（右图）。

学习动力，就是学习的动力之源是什么，强度有多高，简言之就是"为何学、多想学"，或者是否"愿学、乐学"，是各国学生核心素养的最重要成分之一。学习动力不仅具有从低到高的强度差异，还具有从外部到内部的自主性差异，包括从外部的要求、奖惩、期待，到内化的压力、愧疚甚至认同，再到与自我整合的目标、理想、兴趣、欲望，甚至沉淀为个人的精神状态、意志品质、思维特征、自信心和价

"自主学习力"的火箭模型

值感等人格倾向。这些不同自主性、不同强度的学习动力，对学习的影响不仅强大，而且深刻，但往往不容易为学生觉察。

学习能力，就是为趋近学习目标而应用各种学习技能和学习策略的能力，简言之就是"如何学、多能学"，或者是否"会学、善学"，同样也是各国学生核心素养的最重要成分之一。除了基础认知能力（如注意品质、认知加工速度、工作记忆广度、逻辑推理能力等），还有复述、组织、精细加工、批判和创新等认知策略，时间、环境、精力和社会资源的管理策略，以及计划、反思和自我监视的元认知策略等。这些认知策略对学习有直接而强大的影响，但如果学生在某项学习能力上尚未发展，他很难认识到这一点。

学习阻力，就是学习进程的障碍性心理或行为因素，简言之就是"恶

学",通俗说就是苦学、厌学、避学、怕学、逃学等。研究较多的学习阻力包括学业焦虑、回避失败、脱离学业、自我妨碍和失控感受等。每个学生也都或多或少会有一些学习的阻力。阻力和能力、动力相反相成，此消彼长。您可以通过削弱或摆脱它们，从而获得动力和能力；更可以通过增长动力和能力，从而削弱或摆脱阻力。

每个学生有很多方面的动力和能力，这些都是您的成长优势，您可以保持或增强它们。

## 四、注意事项

当您使用这本练习册时，请记得：

1.所有学习动力和能力因素都是可以学会的。

如果您学习动力不是很强，并不意味着您是一个坏学生。它只是能让您更享受学校生活的一个方面。

如果您学习能力不是很强，也不意味着您是一个差学生。它也是能让您更享受学校生活的一个方面。

2.所有学习阻力因素都是可以改变的。

如果您学习阻力很大，也不意味着您不能获得学业成功。只是您可能还没意识到它，或从来没有尝试改变它，或没有找到改变它的方法。

3.如果您测评多次，您的回答可能会变化，回答也可能会受到您练习时的感受、想法和其他事情的影响，这都是正常的。因此，您看到的分数，并不是对您学习动力和能力的最终评价，只是您一时的表现。

4.本手册的所有内容，都是在帮您认识它们、改变它们。通过增强您的学习动力和能力、削弱您的阻力，您可以在开发自我潜能、实现个人优势、对学习感觉良好方面取得巨大进步。

**叮嘱再三：**

1. 这本练习册有没有用，取决于您是不是真诚面对自己。

2. 使用本练习册时，请和您的家长（或其他监护人）、老师或者心理咨询师交流。

3. 在对您的学业能力和学习动力进行综合评估时，还要考虑到学校和家庭生活中的其他重要方面，包括学校分数、出勤、班级活动参与、家庭作业、家长教育投入、教育观念、教养方式、自主支持等。

## 使用说明
INSTRUCTINS

### 功能定位

学业问题和学业发展，与学生的心理发展、生涯发展紧密相关，与学生的生态环境（家庭、同伴、教师、学校和社区）也不可分割。

本书内容仅仅针对学生本身进行学业心理训练，或思维模式训练，其最大的作用是为教师、家长和学生自身提供启发。

### 责任承担

使用者需要本着对自己、对练习者的真诚、积极和宽容的心态，根据练习者及其学习生态的具体情况，设计适当的练习。除非使用者用心承担起改变的责任，否则本书没有任何作用。

首先，在练习前要保证理解每个维度的含义。

其次，沉下心来做练习，它不是用于掌握知识的作业，也不是什么技能，而是更深层的态度和思维模式，用实验的心态，找到每个练习在自己内心的位置。

最后，也是最重要的，积极地把练习用于学习，每周的练习不要多，能用到学习中，才算有用。

### 适用对象

本工作手册适用于中小学教师指导中小学生进行练习，高中生也可自行练习。但对于小学生和初中生，为保证效果和避免误解，建议不要独自练习，要在有学业发展指导能力的成年人的全力协助和监督下练习。

## 📖 测验先行

（1）原则：自愿。

（2）要求：诚意，对自己以诚相待。

（3）功能：多次测验，促进反思。

（4）有限：测验结果仅作参照，不可过度解读，可结合其他信息进一步确认。

## 📖 使用方法

★用于解决特定学业问题，可根据测验结果，每周选择一两个主题做练习。

★用于开展学业发展指导，可按课表周期性练习，按顺序练习到最后；有学生不存在某些问题而感到无聊或没有收获，那么可以变换下任务而让他们也感到有趣和有收获，比如帮助他人。

## 📖 练习形式

★活页式、网页式、游戏式、亲子活动式、您自己的形式……

★学生手册主要由练习构成，根据测验选择相应主题，以活页形式，每次练习一个主题。

★本书只提供部分练习，更多练习在不断开发中。

# 目 录
CONTENTS

## 理 论 篇

### 第一章  自主学习力理论框架和测评工具

**自主学习力理论框架与测评工具** ..................................................004
　　一、理论框架..................................................004
　　二、测评工具..................................................011

## 动力提升篇

### 第二章  外部动力练习

**维度 1  认同动机：学习有价值**..................................................024
　　一、理论基础..................................................024
　　二、应对要点..................................................024
　　三、预期收获..................................................025
　　四、正式练习..................................................025
　　　　练习 1. 学习与生活..................................................025
　　　　练习 2. 学科与世界..................................................026
　　　　练习 3. 学科与未来..................................................027
　　　　练习 4. 我的职业幻游..................................................028
　　　　练习 5. 学习与不学习..................................................029
　　五、成长盘点..................................................030
　　六、达标签署..................................................031

**维度 2  内投调节：我该学习**..................................................033
　　一、理论基础..................................................033
　　二、应对要点..................................................034

三、预期收获 ................................................. 035
　　四、正式练习 ................................................. 035
　　　　练习1. 觉察自我对话的存在 ........................ 035
　　　　练习2. 体验自我对话的感受 ........................ 036
　　　　练习3. 预期自我对话的效果 ........................ 037
　　　　练习4. 反思自我对话的前因 ........................ 038
　　　　练习5. 重构自我对话的表达 ........................ 039
　　五、成长盘点 ................................................. 040
　　六、达标签署 ................................................. 041

## 维度3　外部调节：要我学习 ............................ 043
　　一、理论基础 ................................................. 043
　　二、应对要点 ................................................. 044
　　三、预期收获 ................................................. 044
　　四、正式练习 ................................................. 044
　　　　练习1. 我的学习谁做主 ............................... 044
　　　　练习2. 我的奖惩记录 .................................. 045
　　　　练习3. 奖惩的背后 ..................................... 046
　　　　练习4. 奖惩之后 ........................................ 047
　　　　练习5. 奖励倒计时 ..................................... 048
　　五、成长盘点 ................................................. 048
　　六、达标签署 ................................................. 050

# 第三章　内部动力练习

## 维度4　内在求知：学习长智慧 ......................... 052
　　一、理论基础 ................................................. 052
　　二、应对要点 ................................................. 052
　　三、预期收获 ................................................. 053
　　四、正式练习 ................................................. 053
　　　　练习1. 扩展兴趣点 ..................................... 053
　　　　练习2. 善用好奇心 ..................................... 054
　　　　练习3. 体验价值感 ..................................... 055
　　　　练习4. 寻求意义感 ..................................... 056
　　　　练习5. 增强关联感 ..................................... 056
　　五、成长盘点 ................................................. 058
　　六、达标签署 ................................................. 059

## 维度 5　内在成就：学习有所成 ......060

　　一、理论基础 ......060
　　二、应对要点 ......060
　　三、预期收获 ......061
　　四、正式练习 ......061
　　　　练习 1. 寻找成功支点 ......061
　　　　练习 2. 目标支票 ......062
　　　　练习 3. 我的"一五"计划 ......063
　　　　练习 4. 多元成就观 ......064
　　　　练习 5. 专注于自己 ......065
　　五、成长盘点 ......066
　　六、达标签署 ......068

## 维度 6　内在乐趣：学习很快乐 ......069

　　一、理论基础 ......069
　　二、应对要点 ......069
　　三、预期收获 ......070
　　四、正式练习 ......070
　　　　练习 1. 探索学科兴趣 ......070
　　　　练习 2. 创造有趣的学习方式 ......071
　　　　练习 3. 把爱好融入学习 ......072
　　　　练习 4. 在交流中学习 ......073
　　　　练习 5. 记录学习的快乐 ......074
　　五、成长盘点 ......075
　　六、达标签署 ......076

# 第四章　深层动力练习

## 维度 7　自我价值 ......080

　　一、理论基础 ......080
　　二、应对要点 ......081
　　三、预期收获 ......081
　　四、正式练习 ......082
　　　　练习 1. 生活经历线 ......082
　　　　练习 2. 赞美之词 ......082
　　　　练习 3. 相似轮 ......083
　　　　练习 4. 成就和目标单 ......084
　　　　练习 5. 目标卡 ......084

五、成长盘点 ......................................................... 085
　　六、达标签署 ......................................................... 087

## 维度 8　自我效能 ......................................................... 089
　　一、理论基础 ......................................................... 089
　　二、应对要点 ......................................................... 090
　　三、预期收获 ......................................................... 090
　　四、正式练习 ......................................................... 090
　　　　练习 1. 思维方式可改变 ......................................... 090
　　　　练习 2. 生活处处有成功 ......................................... 091
　　　　练习 3. 才能搜索 ..................................................... 092
　　　　练习 4. 目标设置 ..................................................... 093
　　　　练习 5. 我的榜样 ..................................................... 093
　　五、成长盘点 ......................................................... 094
　　六、达标签署 ......................................................... 095

## 维度 9　坚韧毅力 ......................................................... 097
　　一、理论基础 ......................................................... 097
　　二、应对要点 ......................................................... 099
　　三、预期收获 ......................................................... 099
　　四、正式练习 ......................................................... 099
　　　　练习 1. 30×2 计划 ................................................. 099
　　　　练习 2. 上一次当我突破时 ..................................... 100
　　　　练习 3. 当我碰壁时 ................................................. 101
　　　　练习 4. 记录父母的坚毅品质 ................................. 102
　　　　练习 5. 锻炼毅力 ..................................................... 102
　　五、成长盘点 ......................................................... 103
　　六、达标签署 ......................................................... 104

## 维度 10　成长思维 ......................................................... 106
　　一、理论基础 ......................................................... 106
　　二、应对要点 ......................................................... 107
　　三、预期收获 ......................................................... 107
　　四、正式练习 ......................................................... 108
　　　　练习 1. 贴在背部的标签 ......................................... 108
　　　　练习 2. 猜想盒 ......................................................... 109
　　　　练习 3. 然而的力量 ................................................. 112
　　　　练习 4. 因错而生的发明 ......................................... 113
　　　　练习 5. 成长型思维语言 ......................................... 114
　　五、成长盘点 ......................................................... 115

六、达标签署 ................................................................. 116

## 维度 11　积极心态 ........................................................ 118

　　一、理论基础 ................................................................. 118
　　二、应对要点 ................................................................. 120
　　三、预期收获 ................................................................. 120
　　四、正式练习 ................................................................. 120
　　　　练习 1. 为什么要有积极心态? ................................. 120
　　　　练习 2. 正念练习 ........................................................ 121
　　　　练习 3. 感恩拼图 ........................................................ 122
　　　　练习 4. ABCDE 练习 ................................................. 123
　　　　练习 5. 心流写作 ........................................................ 125
　　六、达标签署 ................................................................. 128

# 能力提高篇

# 第五章　认知策略

## 维度 12　复述策略 ........................................................ 132

　　一、理论基础 ................................................................. 132
　　二、应对要点 ................................................................. 132
　　三、预期收获 ................................................................. 133
　　四、正式练习 ................................................................. 133
　　　　练习 1. 要点填空 ........................................................ 133
　　　　练习 2. 摘要复述 ........................................................ 134
　　　　练习 3. 思维导图 ........................................................ 135
　　　　练习 4. 花样复述 ........................................................ 136
　　　　练习 5. 适恰复述 ........................................................ 137
　　五、成长盘点 ................................................................. 138
　　六、达标签署 ................................................................. 139

## 维度 13　组织策略 ........................................................ 141

　　一、理论基础 ................................................................. 141
　　二、应对要点 ................................................................. 142
　　三、预期收获 ................................................................. 142
　　四、正式练习 ................................................................. 142
　　　　练习 1. 主动探索高效学习方法 ................................. 142

练习 2. 归类总结 ........................................... 143
　　　练习 3. 列提纲 ............................................... 144
　　　练习 4. 小规模组块 ....................................... 145
　　　练习 5. 大规模组块 ....................................... 146
　五、成长盘点 ...................................................... 147
　六、达标签署 ...................................................... 148

### 维度 14　精细加工 ............................................ 149
　一、理论基础 ...................................................... 149
　二、应对要点 ...................................................... 149
　三、预期收获 ...................................................... 150
　四、正式练习 ...................................................... 150
　　　练习 1. 我的方法大盘点 ............................... 150
　　　练习 2. 谐音记忆法 ....................................... 151
　　　练习 3. 视觉联想法 ....................................... 152
　　　练习 4. 关键词法 ........................................... 153
　　　练习 5. 意义生成法 ....................................... 154
　五、成长盘点 ...................................................... 155
　六、达标签署 ...................................................... 156

### 维度 15　批判思维 ............................................ 158
　一、理论基础 ...................................................... 158
　二、应对要点 ...................................................... 158
　三、预期收获 ...................................................... 159
　四、正式练习 ...................................................... 159
　　　练习 1. 独立思考 ........................................... 159
　　　练习 2. 跳出思维定式 ................................... 160
　　　练习 3. 告别思维定式 ................................... 161
　　　练习 4. 学会提问 ........................................... 162
　　　练习 5. 尝试融会贯通 ................................... 163
　五、成长盘点 ...................................................... 164
　六、达标签署 ...................................................... 165

## 第六章　资源管理策略

### 维度 16　求助策略 ............................................ 168
　一、理论基础 ...................................................... 168
　二、应对要点 ...................................................... 169
　三、预期收获 ...................................................... 169

四、正式练习 ......169
      练习1.我的求助态度 ......169
      练习2.我的求助行为 ......171
      练习3.我的人际关系圈 ......172
      练习4.我的取经路 ......173
      练习5.求助反思 ......174
   五、成长盘点 ......175
   六、达标签署 ......176

维度17 时间管理 ......178
   一、理论基础 ......178
   二、应对要点 ......179
   三、预期收获 ......180
   四、正式练习 ......180
      练习1.时间都去哪了 ......180
      练习2.时间用得怎么样 ......181
      练习3.时间统筹利用 ......182
      练习4.充分利用零碎时间 ......183
      练习5.周时间表 ......183
   五、成长盘点 ......184
   六、达标签署 ......186

维度18 专注沉浸 ......187
   一、理论基础 ......187
   二、应对要点 ......188
   三、预期收获 ......188
   四、正式练习 ......189
      练习1.我的注意力水平 ......189
      练习2.舒尔特方格注意训练 ......190
      练习3.设定实操目标 ......190
      练习4.觉察识别分心物 ......191
      练习5.正念专注练习 ......192
   五、成长盘点 ......193
   六、达标签署 ......194

## 第七章　元认知策略

维度19 计划策略 ......196
   一、理论基础 ......196

二、应对要点 ...... 196
三、预期收获 ...... 197
四、正式练习 ...... 197
 练习1. 制定学习目标 ...... 197
 练习2. 精准把握时间 ...... 198
 练习3. 找出时间陷阱 ...... 198
 练习4. 重要级排序 ...... 199
 练习5. 二八原则 ...... 200
五、成长盘点 ...... 201
六、达标签署 ...... 202

## 维度20　反思改进 ...... 204

一、理论基础 ...... 204
二、应对要点 ...... 205
三、预期收获 ...... 205
四、正式练习 ...... 206
 练习1. 成绩归因 ...... 206
 练习2. 归因方式的影响 ...... 206
 练习3. 调整归因 ...... 207
 练习4. 明确错误类型 ...... 208
 练习5. 针对性改进 ...... 209
五、成长盘点 ...... 210
六、达标签署 ...... 211

## 维度21　自我监视 ...... 213

一、理论基础 ...... 213
二、应对要点 ...... 214
三、预期收获 ...... 214
四、正式练习 ...... 214
 练习1. 自我记录法 ...... 214
 练习2. 自我提问法 ...... 215
 练习3. 互相提问法 ...... 216
 练习4. 检查策略 ...... 216
 练习5. 写学习日记 ...... 217
五、成长盘点 ...... 218
六、达标签署 ...... 219

# 摆脱阻力篇

## 第八章　摆脱阻力练习

**维度 22　学业焦虑** ... 224
 一、理论基础 ... 224
 二、应对要点 ... 225
 三、预期收获 ... 226
 四、正式练习 ... 226
  练习 1. 快速放松 ... 226
  练习 2. 告别非理性信念 ... 227
  练习 3. 备考方法 ... 228
  练习 4. 应试技巧 ... 230
  练习 5. 回忆成功经历 ... 231
 五、成长盘点 ... 231
 六、达标签署 ... 233

**维度 23　失控感受** ... 235
 一、理论基础 ... 235
 二、应对要点 ... 236
 三、预期收获 ... 236
 四、正式练习 ... 236
  练习 1. 做得好坏为什么 ... 236
  练习 2. 我能掌控什么 ... 237
  练习 3. 掌控的关键 ... 238
  练习 4. 扩展您的掌控范围 ... 238
  练习 5. 奖励自己做到掌控的事 ... 239
 五、成长盘点 ... 239
 六、达标签署 ... 240

**维度 24　学业脱离** ... 242
 一、理论基础 ... 242
 二、应对要点 ... 243
 三、预期收获 ... 244
 四、正式练习 ... 244
  练习 1. 跳出来看自己 ... 244
  练习 2. 我的学习我做主 ... 245
  练习 3. 我的过去还可以 ... 246
  练习 4. 我的目标与资源 ... 247

练习5. 我对未来有把握 .................................................. 248
　五、成长盘点 ............................................................ 248
　六、达标签署 ............................................................ 249

### 维度 25　自我妨碍 ..................................................... 251
　一、理论基础 ............................................................ 251
　二、应对要点 ............................................................ 252
　三、预期收获 ............................................................ 253
　四、正式练习 ............................................................ 253
　　练习1. 我如何妨碍自己 ............................................... 253
　　练习2. 我为何妨碍自己 ............................................... 254
　　练习3. 自我阻碍的得与失 ............................................. 255
　　练习4. 挑战借口 ..................................................... 255
　　练习5. 更新应对方式 ................................................. 256
　五、成长盘点 ............................................................ 257
　六、达标签署 ............................................................ 258

### 维度 26　回避失败 ..................................................... 260
　一、理论基础 ............................................................ 260
　二、应对要点 ............................................................ 262
　三、预期收获 ............................................................ 262
　四、正式练习 ............................................................ 262
　　练习1. 应对恐惧的 ABC ............................................... 262
　　练习2. 错误可以成为我进步的垫脚石 ................................... 264
　　练习3. 从拖延到行动 ................................................. 264
　　练习4. 应对"无益的"学习理由 ....................................... 266
　　练习5. 打破悲观预期 ................................................. 266
　五、成长盘点 ............................................................ 267
　六、达标签署 ............................................................ 269

## 整合练习篇

## 第九章　整合练习：回顾成长历程

　一、查漏补缺 ............................................................ 274
　二、成长检验 ............................................................ 275
　三、成就签署 ............................................................ 276

理论篇

# 第一章 自主学习力理论框架和测评工具

# 自主学习力理论框架与测评工具

## 一、理论框架

"学业发展"是学生、家长和教师关注的焦点，在重大疫情冲击下，居家学习检验着中小学生的自主学习能力，也在挑战中小学教师和家长的指导能力。

我们的前期调查发现，在失去了课堂环境约束后，很多学生缺乏自主学习的动力和能力，教师鞭长莫及，亲子冲突频发。当然，也有一些学生不仅能够高质量完成学习任务，还对未来的考试成绩有更为乐观的预期。显然，这两类学生的一个显著区别，就在于是否能够"自主学习"，换句话说，就是是否具有"自主学习力"。那么，这种"自主学习力"到底是一种什么样的学业发展优势？这些优势又是如何发展起来的？

我们梳理了先前研究，基于三个领域提出了"自主学习力"概念，以此作为衡量学生自主学习的能力、动力和阻力状况的综合指标。本文旨在论述"自主学习力"指标提出的理论依据和理论框架。

### （一）"自主学习力"的理论来源

"自主学习力（potential of self-regulated learning, PSRL）"是在积极心理学视角下描述学生学业自主发展潜力的一个综合指标。先前文献中并未见严格界定，本研究将其界定为学生学业自主发展的潜在综合优势，包含学习能力、学习动力和学习阻力三个成分。从理论来源上说，"自主学习力"融合了"自主学习（self-regulated learning）""学习力（learning power）"和"自我决定理论(self-determination theory, SDT)"三个领域，四者的关系如图1所示。

1."自主学习"研究

"自主学习"一直是教育心理学的重要研究内容，该领域研究众多，国际上现已经形成了6大理论模型。[1] 包括：基于元认知的阶段和层次模型、强调动机的四阶段×四领域模型、强调具体目标的双通路模型、纯认知的信息加工模型、同时强调元认知和情感的整合模型、更为综合的三层调节模型。

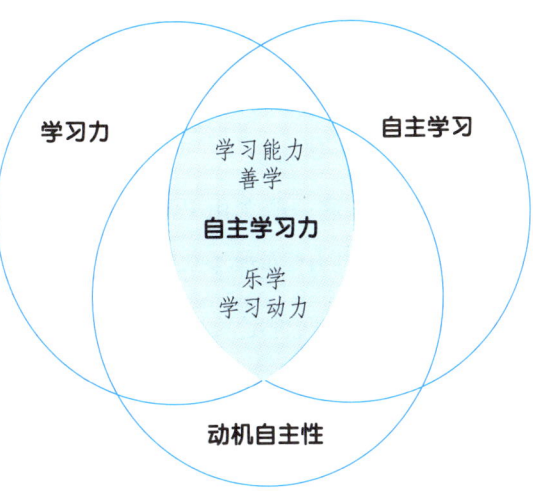

图1 "自主学习力"的理论来源

国内学者林毓锜把"自主学习"（initiative study）定义为主动、有主见地学习，与教师主导相对应，提出了以学生发展为中心。庞维国把"自主学习"定义为"学习者自觉确定学习目标、选择学习方法、监控学习过程和评价学习结果的过程、能力或个性特征"。[2] 此外，还有余文森、关俊奇等众多学者都进行了卓有成效的"自主学习"理论和实践研究。

总体上说，"自主学习"作为一种理论，主要关注的是学习过程；作为一种个性特征，关注的是个体的能力和动力。但现有"自主学习"研究存在两个不足，一是概念命名上，难以表达个性特征，含义模糊多变，不如"学习力"概念直接和确切；二是更关注认知，虽然纳入动力成分，但对动机的研究还比较粗略，难以表达"自主"的丰富内涵和发展变化，

[1]　PANADERO E. A Review of Self-Regulated Learning: Six Models and Four Directions for Research[J/OL]. Frontiers in Psychology, 2017, 8[2020-03-16].
[2]　庞维国. 自主学习理论的新进展[J]. 华东师范大学学报（教育科学版）, 1999(03): 68-74.

不如"自我决定理论"对动机研究的细致。这也正是我们提出"自主学习力"这一综合指标的出发点。

2. "学习力"研究

"学习力"这一概念由 Forreste 提出，是竞争力、发展力与生存力的决定因素。"学习力"在概念界定上差异很大，至少可包括素质说、能力说、品性说以及能量说四种定义。[1]这些界定大都非常宽泛，比如把"学习力"界定为个性倾向、生活经历、社会关系、价值观和态度的复杂组合，它们共同影响着一个人如何利用特定的学习机会[2]；或者界定为持续毕生学习而获取、选择和整合知识的能力等等。[3]

对于"学习力"的结构，说法繁多。比如3要素说、4要素说、5要素说、6要素说、7要素说，甚至10要素说等等。但以中小学生群体为对象的"学习力"实证研究，目前并不多见，综合性的仅有学习力诊断量表[4]；其他则是针对具体学科或特定学习形式的学习力问卷。[5]

总体上说，"学习力"强调"力"，"力"的大小非常适合表达个体差异，且不会与学习过程相混淆，这正是我们借用"力"的概念的原因。但因为"学习力"研究对"力"的内涵界定过于繁多，外延过于分散，对学生学习的个体特征差异来说缺乏聚焦，对学习动机的研究也不够细致，因此我们也只是借用"力"的概念。

3. "自我决定理论"

自主（self-regulation, autonomy）与自我决定 (self-determination) 是相互

[1] 陈维维, 杨欢. 教育领域学习力研究的现状和发展趋势 [J]. 开放教育研究, 2010, 16(02): 40-46.
[2] CRICK R D, BROADFOOT P, CLAXTON G. Developing an effective lifelong learning inventory: The ELLI project[J]. Assessment in Education: Principles, Policy & Practice, 2004, 11(3): 247-272.
[3] VILLARD-N-GALLEGO L, Y-NIZ C, ACHURRA C, et al. Learning competence in university: Development and structural validation of a scale to measure[J]. Revista de Psicodidáctica, 2013, 18(2): 357-374.
[4] 袁章奎, 袁泽亮, 周静, 等. 中学生学习力自我诊断量表的初步编制研究 [J]. 教育科学论坛, 2017(10): 75-77.
[5] 李宝敏, 官玲玲, 祝智庭. 在线学习力测评工具的开发与验证 [J]. 开放教育研究, 2018, 24(03): 77-84+120.

解释的同义语。[1] 在积极心理学领域，"自我决定理论"从人类的积极天性和先天的自主发展潜能出发，对学习动机的结构和发展都进行了更深入细致的研究。对本研究的启发，主要来自该理论对内、外部动机的关系解释和类型的细分。

"认知评价子理论"引入了自主、能力和归属3种人类普遍共有的基本心理需要，来解释内、外部动机关系。外部激励到底增强还是削弱内部动机，关键在于它是否有利于这些基本需要的满足：若外部动机有利于基本需要的满足，则能够增强内部动机；反之，则会削弱内部动机。[2] 该理论适用于对学习有兴趣的学生。

"有机整合子理论"通过动机连续体解释外部动机的逐步内化。该理论突破了以往的内在、外在动机两分法，提出了动机连续体的概念。所谓连续体，包括从无动机，到完全的外部调节（奖惩控制），逐渐内化为内投调节（外部规则的内部投射，评价控制）、认同调节（认同活动价值和意义）、整合调节（完全内化为自我的一部分），最终成为完全内部调节的内在动机（自身的兴趣、求知和成就需要）。适用于对学习无兴趣或年幼的学生进行外部激励或外部控制。

上述动机连续体，是动机"自主性"从低到高的连续体，解释了外部动机的内化过程。[3] 所谓内化，即个体吸收外部调节的价值观，进而有了一定的自主性（自我决定）。如果内化不完全，就会停留在外部动机；如果有一定内化，但仍然处于外部控制，就会形成内投动机；如果内化良好，个体就会完全接受外部价值，成为认同动机；也可能进一步将其整合到自

[1] RYAN R M, DECI E L. Self-Regulation and the Problem of Human Autonomy: Does Psychology Need Choice, Self-Determination, and Will?[J]. Journal of Personality, 2006, 74(6): 1557-1586.

[2] DECI E L, RYAN R M. Conceptualizations of Intrinsic Motivation and Self-Determination[M/OL]. DECI E L, RYAN R M, edit //Intrinsic Motivation and Self-Determination in Human Behavior. Boston, MA: Springer US, 1985: 11-40[2020-01-08].

[3] RENAUD-DUB- A, GUAY F, TALBOT D, et al. The Relations between Implicit Intelligence Beliefs, Autonomous Academic Motivation, and School Persistence Intentions: A Mediation Model[J]. Social Psychology of Education, 2015, 18(2): 255-272.

我概念中，成为自我的一部分，形成整合动机。如果学生对学习内容产生兴趣，或因学习带来成就感，或产生求知欲，就进一步形成了内在动机。因此，根据内化的自主性程度不同，外在动机和内投动机又被称为非内化或受控动机，认同动机、整合动机和内在动机又被称为内化或自主动机。在内化过程中，三种基本心理需求的满足状况，尤其是外部的自主支持，是外部动机内化的重要条件，而且认同动机是外部动机向真正的内部动机转化过程中的重要方面。[1]（见图2）

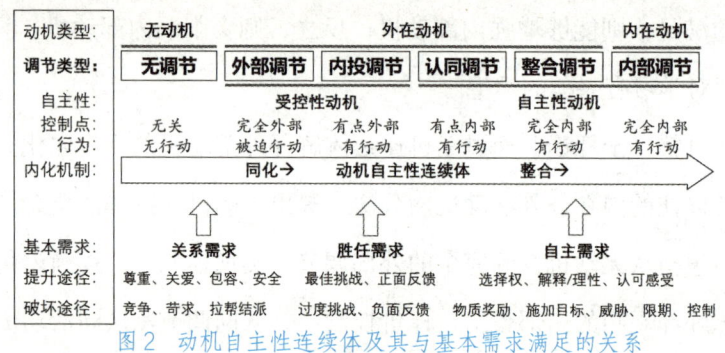

图2　动机自主性连续体及其与基本需求满足的关系

## （二）"自主学习力"的理论框架

"自主学习力"的三个来源领域，在学生学习研究中各有其优势和局限。首先，"自主学习"擅长用认知策略、资源管理策略和元认知策略来解释学习过程和行为；但"自主学习"本身不适合作为衡量学生学业自主发展潜力的指标，总体上缺乏对作为个体状态性特征的"力"的关注。其次，"学习力"研究试图把影响学习的个体内部因素都涵盖其中，反而失去了对学习"自主性"的聚焦，但其对"力"的强调却能较明确表达个体状态性特征。第三，"自我决定理论"对学习动力的理解更加深入，不仅从积极视角关注了三大心理需求满足对学习动力的重要性，更是明确聚焦于学习的自主性，弥补了"自主学习"在学习动机方面的不足；但仅仅用动机来解释学习自主性，显然缺乏能力支撑，难免存在"有心无力"的可能。

---

[1]　DECI E L, RYAN R M. Overview of self-determination theory: An organismic dialectical perspective[M]//Handbook of self-determination research. NY: The University of Rochester Press, 2002: 3-33.

"自主学习力"旨在整合三个领域的优势。它基于"自主学习"对学习能力的研究，借用了"学习力"对"力"的关注，纳入"自我决定理论"在学习动机自主性上的优势，既整合了能力和动力两大学习要素，又突出了自主性，综合且聚焦，比其三个来源领域更完整、更细致地表示了中小学生学业自主发展的综合潜力。所谓"潜力（potential）"，是指学习行为背后潜藏的力量，既包含"自主学习"研究中的学习能力，也包括"自我决定理论"中的学习动力，还包括因能力和动力不足而造成的各种个人的内部障碍，本研究称为"阻力"。之所以称为"阻力"，是因为与先前研究

图3 "自主学习力"的火箭模型

对学习困难、学习问题、学习障碍的关注不同，积极视角下的"自主学习力"更关注学生的潜在优势，即使面对各种学习问题，也是从潜在优势角度来解释和干预。通俗来说，学习能力是"善学"，学习动力是"乐学"，二者综合起来，就是俗话说的"好学"，而其对立面就是各种内在的阻力——"恶学"，这些是"自主学习力"的核心结构。学习能力、动力和阻力可各自展开为多级维度，由此形成了"自主学习力"的火箭模型（图3）。

"乐学"，就是学习的内部动力充足，相对于"苦学"甚至"厌学"。"乐学"是人的天性，正如孔子所说"知之者不如好之者，好之者不如乐之者"。对应于"动机自主性连续体"，"乐之"基本上就是内在动机，"好之"大致上就是认同和整合动机，知之者大致上就是内投动机，离"乐学"越来越远，到了外部调节，那基本上就是"苦学"了，至于"厌

学"，就走向了学习的反面。除了纳入学习动机自主性连续体的系列动机，我们还增加了更为深层的动力包括成长思维（growth mindset）、坚韧毅力（resilience and grit）、自我效能（self-efficacy）、自我价值（self-worth 或 self-esteem）和精神状态（mental health continuum）等维度。从理论上看，它们有与内在动机相关的内涵。从实证研究上看，已有大量研究表明，内在动机与自我效能感、自我价值/自尊、成长思维和坚持毅力之间都存在显著的相关。[1]

"善学"，就是学习能力强，相对于"拙学"甚至"死学"。对应于"自主学习"研究，可展开为各种认知策略、资源管理策略和元认知策略。这些策略性能力存在着类型和层次差异。比如在认知能力和策略方面，从最基础的注意、记忆能力到高级的批判思维和创造思维，从简单的复述和组织策略到精细加工策略；在资源管理能力上，从简单的求助策略、合作学习外在的社会资源管理，到时间和环境以及自身努力资源的内在管理；在元认知策略方面，从学习计划，到反思改进和自我监控；甚至在整个学习能力上，从认知能力到认知策略，再到元认知策略，也都存在着一个自主学习所需能力逐渐升高的层级。因此，整体上来看，是否也可构成自主学习能力上的多维度连续体？当然，连续体（continuum）的说法需要经过严格的检验[2]，因此这一猜测还有待实证检验。

"恶学"，是"善学、乐学"的对立端，也就是动力和能力的不足与缺失的综合表现，即学习阻力（learning resistance）。"火箭模型"采用积极心理学视角，认同美德是克服困难的力量之源[3]，面对学生的各种学

---

[1] TARMIZI S N A, AHMAD R, SIPON S, et al. The Self-Efficacy, Self-Regulation and Academic Motivation among Students[J]. Indian Journal of Public Health Research & Development, 2019, 10(4): 1443.

[2] LITALIEN D, MORIN A J, GAGN- M, et al. Evidence of a continuum structure of academic self-determination: A two-study test using a bifactor-ESEM representation of academic motivation[J]. Contemporary Educational Psychology, 2017, 51: 67-82.

[3] CSIKSZENTMIHALYI M, SELIGMAN M E P. Positive psychology: An introduction[J]. American Psychologist, 2000, 55(1): 5-14.

业问题，主要从优势发展不足来解释。从广义上说，学业问题（academic problems），包括学习障碍（learning disorders）、学业困难（academic difficulties）或学习失能（learning disabilities）等，在界定上虽然不属于器质性缺陷，但在听、说、读、写、算、记忆、思维等能力上，也都存在显著困难或障碍。与这些用语相比，"学习阻力"不采用疾病视角，采用更为积极的视角，主要发展优势。

### （三）小结

中国教师和家长对学生学业的重视，最近在国际学术界产生了共鸣。《柳叶刀》青少年健康和福祉委员会撰文指出，改善青少年教育产出，是为其健康与幸福的唯一最佳投资。[1] 如果说核心素养研究旨在为教育产出确定目标，学业发展指导研究为其提供了途径，那么"自主学习力"研究则是征途中的一个向前迈进的脚步。

"自主学习"是 OECD 和欧盟等核心素养体系的本质与核心[2]，"学会学习"是中国学生发展核心素养中的最基本特征[3]，而其共同的内涵"乐学、善学"，也正是"自主学习力"的通俗表达。可以说，"自主学习力"是其他素养养成的基础，因而也是核心素养的核心。只有学生拥有了充盈的"自主学习力"，各项教育产出才会有源头活水。

## 二、测评工具

本节简要介绍量表的来源、信效度、网址、使用方法。

完整的《自主学习力量表》共包括 26 个维度（部分维度可展开为更具体的下级维度），共 128 题。测评工具在"中小学生发展指导大数据综合服务平台"（https://fzzd.yunzhuxue.com/），面向学校提供免费测评服务。

---

[1]　PATTON G C, SAWYER S M, SANTELLI J S, et al. Our Future: A Lancet Commission on Adolescent Health and Wellbeing[J]. The Lancet, 2016, 387(10036): 2423-2478.

[2]　郭文娟，刘洁玲. 核心素养框架构建：自主学习能力的视角[J]. 全球教育展望，2017, 46(03): 16-28.

[3]　方晓义，胡伟，陈海德，等. 构建高中生三级发展指导模式[J]. 北京师范大学学报（社会科学版），2014(01): 37-43.

### （一）自主学习能力的测量

"善学"，就是学习能力强，相对于"拙学"甚至"死学"，可展开为各种认知能力和认知策略、资源管理策略和元认知策略。在自主学习能力测量工具上，"火箭模型"选择了国际上使用较多且有中文版的如下三个量表。

首先是激励学习策略问卷（motivated strategies for learning questionnaire，MSLQ）。MSLQ 由美国教育心理学家 Pintrich 开发，是"自主学习"领域最常用的测量工具。[1] 该量表包括 15 个分量表，其中动机部分为 31 题，学习策略部分为 50 题，包括三类量表（认知、元认知和资源管理策略），有大学生和高中生两个版本，在预测学习成绩方面，已有大量研究支持。[2] 在 Rao 和 Sachs 修订的中文版中，缩减为 5 个维度（自我效能、内在价值、考试焦虑、认知策略和自我调节），共 44 题，该量表在国内应用中具有良好的信度和效度。[3]

其次是动机与投入量表（motivation and engagement scale，MES）。MES 由澳洲教育心理学家 Martin 开发，作者在整合先前学习理论和动机理论基础上，提出了一个用于指导训练的清晰模型——动机与投入轮盘（motivation and engagement wheel），据此开发的 MES 包含 44 个题目 11 个维度（自我信念、学业价值、掌握取向、计划能力、学习管理、坚持毅力、学业焦虑、回避失败、失控感受、自我妨碍、脱离学业）和 4 个高阶维度（认知适应、行为适应、认知不适应、行为不适应），该整合量表包括小学初中、高中和大学三个版本，维度跨学段统一，均具有较好的信度

---

[1] 陈维维，杨欢. 教育领域学习力研究的现状和发展趋势 [J]. 开放教育研究，2010，16(02): 40-46.
[2] CREDÉ M, PHILLIPS L A. A Meta-Analytic Review of the Motivated Strategies for Learning Questionnaire[J]. Learning and Individual Differences, 2011, 21(4): 337-346.
[3] 高丙成，刘儒德，王丹，等. 初中生自我调节学习的类型及对学习的影响 [J]. 心理发展与教育，2011(01 vo 27): 76-82.

和效度。[1] 在国内的大量应用中，发现该量表具有较好的文化适应性。[2] 该量表为付费使用，我们购买用于"火箭模型"的效度检验，并参考了其部分题目的表述。

第三是自主学习自我报告量表（self-regulation of learning self-report scale, SRL-SRS）。由荷兰学者 Toering 等人开发，自主学习也有较多应用，而且目前也已有简化中文修订版[3]，共 32 题 6 个维度，涉及 6 项自我调节技能（自我效能、计划、坚持毅力、自我监控、自我评估、自我反思）。该量表具有较好的信度和效度，比如在预测体育活动行为时，SRL-SRS 中文版具有跨文化显著的预测力。[4]

此外，"火箭模型"的"善学"部分还纳入了另外两个维度。一个是专注沉浸维度，来自 Jackson 和 Marsh 的沉浸体验量表 (flow state scale, FSS) 中的流畅维度（4 题），作为个体自身努力和精力管理的最佳状态。另一个是创新思维，来自傅绪荣和汪凤炎的整合智慧量表中的创新思维维度[5]，题目测量的主要是思维的创新、独特性。研究表明，创造性思维的独创性与学业成绩有极显著相关（r = 0.49, p < 0.01）。[6]

### （二）自主学习动力的测量

"乐学"，就是学习的内部动力充足，相对于"苦学"甚至"厌学"。"乐

---

[1] LIEM G A D, MARTIN A J. The Motivation and Engagement Scale: Theoretical framework, psychometric properties, and applied yields[J]. Australian Psychologist, 2012, 47(1): 3–13.

[2] MARTIN A J, YU K, PAPWORTH B, et al. Motivation and Engagement in the United States, Canada, United Kingdom, Australia, and China: Testing a Multi-Dimensional Framework[J]. Journal of Psychoeducational Assessment, 2015, 33(2): 103–114.

[3] PITKETHLY A J, LAU P W C. Reliability and validity of the short Hong Kong Chinese Self-Regulation of Learning Self-Report Scale (SRL-SRS-C)[J]. International Journal of Sport and Exercise Psychology, 2016, 14(3): 210–226.

[4] PITKETHLY A J, LAU P W C, MADDISON R. Investigating the association of self-regulated learning skills and physical activity in Hong Kong Chinese and Scottish adolescents[J]. International Journal of Sport and Exercise Psychology, 2019, 17(6): 670–684.

[5] 傅绪荣, 汪凤炎. 整合智慧量表的编制及信效度检验[J]. 心理学探新, 2020(01 vo 40): 50–57.

[6] ANWAR M N, ANESS M, KHIZAR A. An Examination of the Relationship between Creative Thinking and Academic Achievements of Secondary School Students[J]. International Interdisciplinary Journal of Education, 2012, 1(219): 1–4.

学"是人的天性，正如孔子所说"知之者不如好之者，好之者不如乐之者"。

在对该学习动机连续体的测量上，我们直接使用了Vallerand等人的学习动机量表（academic motivation scale, AMS）[1]。相对于其他学习动机测量工具，该量表共有7个维度28题，除了与其他量表类似的无动机和外部动机的三种调节方式（外部调节、内投调节和认同调节），该量表的优势在于对内在动机的分类更加细致，即分为乐趣、成就和求知三种。实际上，内在动机-乐趣维度相对于其他同类量表的内在动机，内在动机-成就相当于成就动机，内在动机-求知维度相当于动机定向理论中的掌握定向。[2]该量表是教育心理学研究中应用最广的动机量表之一，在各个国家使用中都有着良好的结构效度[3]，不仅有从小学到研究生的跨学段的适用性[4]，而且有跨时间、跨性别的稳定性。[5]大量研究显示，动机越高的学生对生活满意度越高，而学业拖延率越低[6]，学业成绩越好。

此外，在"火箭模型"的动力部分的高端，我们还增加了更为深层的动力。这些深层动力包括成长思维（growth mindset）、坚韧毅力（resilience and grit）、自我效能（self-efficacy）和自我价值（self-worth或self-esteem）四个维度。个体对这些深层动力的觉察程度虽然可能越来越低，但其蕴藏的动力价值却不可忽视。将这些概念纳入"乐学"的动机系列，

---

[1] DWECK C S, SORICH L. Mastery-oriented thinking[J]. Coping, 1999, 11: 232–251.

[2] PITKETHLY A J, LAU P W C. Reliability and validity of the short Hong Kong Chinese Self-Regulation of Learning Self-Report Scale (SRL-SRS-C)[J]. International Journal of Sport and Exercise Psychology, 2016, 14(3): 210–226.

[3] FAIRCHILD A J, HORST S J, FINNEY S J, et al. Evaluating Existing and New Validity Evidence for the Academic Motivation Scale[J]. Contemporary Educational Psychology, 2005, 30(3): 331–358.

[4] STOVER J B, DE LA IGLESIA G, BOUBETA A R, et al. Academic Motivation Scale: adaptation and psychometric analyses for high school and college students[J]. Psychology Research and Behavior Management, 2012, 5: 71–83.

[5] GROUZET F M E, OTIS N, PELLETIER L G. Longitudinal Cross-Gender Factorial Invariance of the Academic Motivation Scale[J]. Structural Equation Modeling: A Multidisciplinary Journal, 2006, 13(1): 73–98.

[6] DEMIR GÜDÜL M, CAN G, CEYHAN A A. University Students' Academic Motivation Profiles: Relationships With Academic Procrastination and Life Satisfaction[J/OL]. 2019. [2020–04–30]. http://acikerisim.iku.edu.tr/handle/11413/5197.

不仅是因为从理论上，它们有与内在动机相关的内涵，从实证上看，也已经有研究表明，内在动机与自我效能感[1]、自我价值/自尊[2]、成长思维和坚持毅力[3]之间都存在显著的相关关系。

以成长思维维度为例。相对于固定思维（fixed mindset），成长思维是相信自己可以通过自身努力、使用良好策略和吸取他人经验使自己的才能得到发展，因而更倾向于把精力投入到学习中[4]。成长思维训练可以通过一些有趣的游戏和指导性训练，减少消极的努力信念（比如认为努力或寻求帮助会让人认为自己笨）、减少固定思维（如把失败归因为自己笨）或减少逃避（通过逃避以免让人看到自己笨），进而促进付出努力，以提高成绩。德韦克的这一学术概念现已走出象牙塔，成为一个学校教育、商业培训和人力资源管理的流行术语。德维克及其同事创立的大规模教学研究计划（PERTS）项目已经在全美几百所高中和大学实施，服务了几十万学生。在最近进行的一项全国抽样教育实验显示，短短一个小时的在线成长思维训练（详见 https://www.perts.net/），就显著提升了美国高中学困生在核心课程上的学分绩点（GPAs，$d = 0.11$，$t = 3.51$，$p = 0.001$）[5]。

在"火箭模型"中，成长思维维度采用 Dweck 编制的成长思维量表，包含6个项目，其中3个测量成长思维，3个测量固定思维，其信效度良好。其他三个维度也同样都采用成熟的量表，其中坚韧毅力维度采用了 Duckworth 等人编制的简式坚毅问卷（8题）[6]；自我效能采用了 Pitkethly

---

[1] 郭文娟,刘洁玲. 核心素养框架构建：自主学习能力的视角 [J]. 全球教育展望，2017, 46(03): 16–28.

[2] 郭文娟,刘洁玲. 核心素养框架构建：自主学习能力的视角 [J]. 全球教育展望，2017, 46(03): 16–28.

[3] 郭文娟,刘洁玲. 核心素养框架构建：自主学习能力的视角 [J]. 全球教育展望，2017, 46(03): 16–28.

[4] DWECK C. What having a "growth mindset" actually means[J]. Harvard Business Review, 2016, 13: 213–226.

[5] YEAGER D S, HANSELMAN P, WALTON G M, et al. A National Experiment Reveals Where a Growth Mindset Improves Achievement: 7774[J]. Nature, 2019, 573(7774): 364–369.

[6] DUCKWORTH A L, QUINN P D. Development and Validation of the Short Grit Scale (Grit–S)[J]. Journal of Personality Assessment, 2009, 91(2): 166–174.

和 Lau 的 SRL-SRS-C 中的自我效能维度（4题）[1]；自我价值维度采用了黄希庭和杨雄自我价值感量表中的总体自我价值感分量表（6题）[2]。这些维度均具有不同深度的动力性，限于篇幅不再赘述。

### （三）自主学习阻力的测量

"恶学"，是"善学、乐学"的对立端"拙学、厌学"的各种混合表现，也就是动力和能力的不足与缺失的综合表现，即学习阻力，也统称为"学业问题"。"火箭模型"虽然采用积极心理学视角，认同美德是克服困难的力量之源[3]，但对于学业指导教师来说，仍然不得不直接面对学生的各种学业问题。

所谓学习阻力（learning resistance），就是由于各种心理因素干扰而产生的对学习的阻抗反应[4]。Negrii 认为这些心理因素主要表现为 25 种防御机制，这些防御机制既可以促进个体发展和稳定，也可以导致无序和失调，这取决于其内部结构、动力和成熟水平，主要目的是保持舒适和稳定的生活方式。[5]为了量化这些心理因素，Negrii 开发了个体防御机制问卷（psychological defense mechanisms questionnaire, PDMQ）。调查发现，这些防御机制中，分离和否认都可直接显著负向预测中学生的学业成绩，而认同、抵消（undoing）和全能控制（omnipotent control）都可直接显著正向预测其学业成绩。

Martin 在先前的成就动机理论、归因理论、自我效能及期望价值理论多个学习理论和动机理论基础上，提出了一个用于指导训练的整合模

---

[1] FAIRCHILD A J, HORST S J, FINNEY S J, et al. Evaluating Existing and New Validity Evidence for the Academic Motivation Scale[J]. Contemporary Educational Psychology, 2005, 30(3): 331–358.

[2] 黄希庭，杨雄. 青年学生自我价值感量表的编制 [J]. 心理科学，1998(04): 289-292+382.

[3] PINTRICH P R, AND OTHERS. A Manual for the Use of the Motivated Strategies for Learning Questionnaire (MSLQ)[M/OL]. [2020–04–09].

[4] NEGRII V A. Psychological problems of learning resistance[J]. Procedia-social and behavioral sciences, 2013, 86: 116–121.

[5] 同上。

型——动机与投入轮盘（motivation and engagement wheel）[1]，其中涉及的学业问题包括学业焦虑、回避失败、自我妨碍、失控感受和脱离学业 5 种，而且针对每种学业问题，已经开发了相应的针对性训练技术。以学业焦虑为例，过度的焦虑主要来自学业的社会比较，因此可通过引导使用放松技术、关注当前任务、关注自身优势等方法给以帮助。这 5 种学业问题都有广泛关注，本研究将其纳入作为学习阻力，但在测量工具上因版权原因，仅在学业焦虑和自我妨碍上采用 Martin 动机与投入量表（MES）的学业焦虑和自我妨碍维度（各修订了 4 题），而其他量表则使用了与其相同概念的其他测评工具。其中，回避失败采用了 Hagtvet 和 Benson 的 4 题版回避失败量表[2]，脱离学业采用 Li 等人修订 Vallerand 等人的学业动机量表的无动机维度（4 题），而失控感受维度采用 Perry 等人编制的学业控制感量表。总之，"火箭模型"中的所有变量，在先前研究中都已有成熟的量表，我们只是根据"火箭模型"将其整合在一起，由此尽可能表示中小学生"自主学习力"的全貌。

### （四）量表的信效度检验

1. 样本

采用郑州市教研室大规模调查第三批数据（31497 份）中的亲子匹配案例 13166 份，调查对象的基本构成见表 1。

---

[1] PITKETHLY A J, LAU P W C. Reliability and validity of the short Hong Kong Chinese Self-Regulation of Learning Self-Report Scale (SRL-SRS-C)[J]. International Journal of Sport and Exercise Psychology, 2016, 14(3): 210–226.
[2] CAPA R L, AUDIFFREN M, ANDRÉ N, et al. Further Evidence of Independence Between the Motive to Achieve Success and the Motive to Avoid Failure: A Confirmatory Factor Analysis[J]. Psychologica Belgica, 2011, 51(1): 93.

表1 调查对象的基本构成

| 项目 | 学生性别 | | 学生年级 | | | | | | | | |
|---|---|---|---|---|---|---|---|---|---|---|---|
| 类别 | 男 | 女 | 四 | 五 | 六 | 七 | 八 | 九 | 高一 | 高二 | 高三 |
| 人数 | 7029 | 6137 | 2147 | 2065 | 2337 | 1711 | 1400 | 1620 | 682 | 554 | 650 |
| 占比% | 53.4 | 46.6 | 16.3 | 15.7 | 17.8 | 13.0 | 10.6 | 12.3 | 5.2 | 4.2 | 4.9 |

2. 信度分析

采用内部一致性信度（Cronbach α），如表2所示，全量表和各分量表的内部一致性信度均达到测量学要求。

表2 《中小学生自主学习力量表》的信度与结构效度

| 分量表 | Cronbach's α | $\chi^2$ | $df$ | $p$ | CFI | TLI | RMSEA | RMSEA 90% CI | |
|---|---|---|---|---|---|---|---|---|---|
| | | | | | | | | Lower | Upper |
| 自主学习力 | 0.95 | 73818 | 3149 | <.001 | 0.91 | 0.90 | 0.041 | 0.041 | 0.042 |
| 学习能力 | 0.96 | 23102 | 558 | <.001 | 0.93 | 0.93 | 0.055 | 0.055 | 0.056 |
| 学习动力 | 0.93 | 13477 | 314 | <.001 | 0.94 | 0.93 | 0.056 | 0.056 | 0.057 |
| 学习阻力 | 0.94 | 11793 | 160 | <.001 | 0.93 | 0.92 | 0.074 | 0.073 | 0.076 |

3. 结构效度

结构效度是指测验能够说明心理学上的理论结构或者特质的程度[1]。因为本研究预先设置了理论架构，我们直接使用验证性因素分析，来检验测量数据是否拟合理论架构。从表2各项拟合指数来看，全量表和各分量表的拟合指数均达到测量学要求。

4. 预测效度

预测效度，即效标效度，同时采用学生主观自评和更为客观的父母评价多项效标相互印证。从表3可见，自主学习力及其各成分与各预测效标均有极显著相关，可见具有较高的效标效度。

---

[1] 漆书青,戴海崎,丁树良.现代教育与心理测量学原理[M].北京:高等教育出版社,2002: 270.

表3 自主学习力与各效标变量的相关性

| | 自主学习力 | 能力 | 动力 | 阻力 | 元认知 | 资源管理 | 认知能力 | 深层动力 | 内在动力 | 外在动力 |
|---|---|---|---|---|---|---|---|---|---|---|
| S上学期末学业自评 | 0.30*** | 0.26*** | 0.25*** | −0.24*** | 0.25*** | 0.25*** | 0.25*** | 0.27*** | 0.25*** | 0.11*** |
| S本学期末学业预估 | 0.32*** | 0.26*** | 0.27*** | −0.26*** | 0.25*** | 0.26*** | 0.24*** | 0.29*** | 0.28*** | 0.13*** |
| P上学期末学业评价 | 0.25*** | 0.20*** | 0.18*** | −0.22*** | 0.19*** | 0.20*** | 0.19*** | 0.21*** | 0.20*** | 0.06*** |
| P本学期末学业评价 | 0.23*** | 0.18*** | 0.19*** | −0.21*** | 0.17*** | 0.19*** | 0.17*** | 0.20*** | 0.20*** | 0.08*** |
| P网络上课效果评价 | 0.25*** | 0.24*** | 0.23*** | −0.15*** | 0.24*** | 0.24*** | 0.22*** | 0.23*** | 0.24*** | 0.12*** |
| P网课学习自觉性 | 0.35*** | 0.31*** | 0.26*** | −0.29*** | 0.31*** | 0.32*** | 0.28*** | 0.28*** | 0.28*** | 0.10*** |

Note. * $p < .05$, ** $p < .01$, *** $p < .001$，表中左侧各变量名中，S表示学生报告，P表示父母报告。

# 动力提升篇

# 第二章　外部动力练习

本部分用于帮助学生觉察自己学习动力的外部来源，促进外部动机内化。外部动力是指行为动力来源于活动内容之外，外部因素消除，动力随之消失。外部动力主要有三种形式：受奖罚制约的外部调节、规则内化的内投调节和伴随其他重要事物而具有意义的认同调节。外部动力虽然内化程度有限，但也是有价值的。即使对于成年人来说，面对有挑战性的任务，尚且需要外部动力辅助，甚至激励设计都是一个非常专业的话题。对小学生来说，外部动力更为重要。但同时，指导老师要保持清醒：外部动力练习不是为了强化和固化它，而是为了推动它的内化和超越。本部分共包括3个维度，每个维度包括理论基础、应对要点、预期收获、正式练习（5个）、成长盘点和达标签署。各维度正式练习的目录如下。

### 维度1　认同动机：学习有价值

练习1. 学习与生活
练习2. 学科与世界
练习3. 学科与未来
练习4. 我的职业幻游
练习5. 学习与不学习

### 维度2　内投调节：我该学习

练习1. 觉察自我对话的存在
练习2. 体验自我对话的感受
练习3. 预期自我对话的效果
练习4. 反思自我对话的前因
练习5. 重构自我对话的表达

### 维度3　外部调节：要我学习

练习1. 我的学习谁做主
练习2. 我的奖惩记录
练习3. 奖惩的背后
练习4. 奖惩之后
练习5. 奖励倒计时

# 维度 1　认同动机：学习有价值

## 一、理论基础

认同调节（identified regulation），就是因认同某事的重要意义而主动做某事。对于学生来说，就是因为认识到学习对自己的意义和价值而学习，表现为认为学习与自己的世界、自己的未来有关，因此能够重视学业和学校生活、学习认真、刻苦努力。

在动机自主性连续体的各种调节方式中，从认同调节开始，学生的学习开始成为自主的（自我决定的），因而开始称为自主性动机。因此开始表现出更高水平的努力，动力开始转向学习意义、兴趣、成就感等，因此才可能会更享受学校生活，积极应对各种学业困难。

但从本质上来说，认同调节并非内在动机（intrinsic motivation）。因为认同调节是学习因其他事情（如未来生活、职业等）重要而显得有意义，并非出于对学习内容本身的兴趣。如果其他事情不再重要，学习动力就不存在了。所以，认同调节的动力仍然来自学习内容之外的其他事物，其强度因学生对该事物的重视程度而异。

认同学业价值，学生才会主动投入，这是个简单事实，但常常被教师和家长忽视，或者常常被教师和家长滥用。

## 二、应对要点

1.学习与生活。

将学科学习与日常生活联系起来，觉察到这些学习给生活带来的便利。

2.学习与世界。

将学校里的学科学习与世界上的大大小小的事件联系起来，认识到学科知识对世界发展的推动作用。

3.学习与未来。

了解当前的学科学习与未来大学专业、未来职业之间的对应关系，感受到当前学习与自己的未来学习和生活的联系。

4.学习与职业。

畅想未来职业，搜集该职业相关信息，认识当前学习对未来职业的意义。

5.学习与不学习。

认识到自己在学校获得的知识、能力和素养，同时想象没有上学的自己在这些方面的水平如何，并和当前的自己进行对比。

## 三、预期收获

√ 觉察到学习与生活的联系。

√ 了解到学习与世界发展的关系。

√ 认识到学科学习与未来职业选择的关系。

√ 认识到上学让自己变得更好。

## 四、正式练习

### 练习1. 学习与生活

您在学校里这些年，已经学习了很多知识和技能，您可能会认为好像也没什么用。但留心一下当天的各种报刊，报刊内容就折射了您的未来生活。

首先，您能不能找出您现在所学的学科的影子/应用？

然后，抽取出与各学科相关的事件或问题；并描述它们与学科之间是如何联系的。

如果前面两个问题回答起来对您有一定难度，请描述一下未来想要过上什么样的生活，或者未来不想过上怎样的生活。

| 学校学科 | 生活用途（越多越好） |
| --- | --- |
| 一个我最不喜欢的学科：语文 | 1. 和别人沟通时，语言表达更清晰；<br>2. 看完喜欢的电影，可以用优美的文字来写影评；<br>3. 即兴演讲、当众讲话时，可以引用很多文人墨客的典故；<br>4. 母亲节的时候，我就能给妈妈写一封文采飞扬的信，再也不用挠头了。 |
| 一个我最喜欢的学科： | |
| 一个我最容易学的学科： | |
| 一个我觉得很难的学科： | |
| 我期待的成年后的生活/我未来不想过上怎样的生活 | |

除了这些您喜欢的学科，您还可以和同学们交流一下，看看那些您没有很喜欢的学科在生活中有哪些用途。这会让您更深刻地认识到：学习和掌握学科知识，会让我们的生活更加便捷和舒心。

## 练习 2. 学科与世界

我们在学校的所学，不仅给我们的生活带来便利，而且和世界上正在发生的大大小小的事情紧密相关。当您将不同学科的所学与这个世界联系在一起时，您会感受到学习的价值。在这个练习中，您需要先了解世界上发生的事情，然后看一看其中反映了哪些学科知识和技能。

★请您翻看最近一周的报纸，看一看世界上发生了哪些事情。

★请您从中选择 3 个新闻事件，写在下方表格中。

★请认真想一想，在这个新闻事件中哪些学科的知识和技能发挥了作用，并写在表格中。

| 学校学科 | 报刊内容/事件 | 如何与学科产生联系 |
| --- | --- | --- |
| 例：一个我最不喜欢的学科——语文 | 我关心的某事，有几篇报道，有的很及时、很精彩，有的不敢恭维 | 我身边发生的某事，我真想记下来，可惜…… |
| 1. | | |
| 2. | | |
| 3. | | |

思考一下，是否每一门学科，都是推动世界进步的基础？

### 练习3. 学科与未来

中学阶段我们学习的这些学科知识和技能，对我们的未来会有怎样的影响呢？当下每一个学科的学习，都是您未来顺利开展工作的基础。在这个练习中，您需要查阅现在所学学科对应的大学专业和未来职业，感受当前学科学习对未来选择的影响。

★请写出3个您喜欢的学科和3个您不太喜欢的学科；

★请通过各种方式（例如上网、看书、询问家长、老师等）了解现在学习的学科对应的大学专业和职业有哪些，写在下方表格。

| | 学科 | 对应的大学专业有哪些 | 对应的职业有哪些 |
| --- | --- | --- | --- |
| | 例：语文 | 语言学、文学、传媒等 | 文学编辑、文案策划、文学评论、策划宣传、记者、编剧等 |
| 喜欢的学科 | | | |

续表

| 学科 | 对应的大学专业有哪些 | 对应的职业有哪些 |
|---|---|---|
| 不喜欢的学科 | | |
| | | |
| | | |

不同的学科学习，会给我们开辟很多条通往未来的路，让我们在未来拥有更广泛的选择范围。

### 练习 4. 我的职业幻游

未来的您，会从事什么职业呢？您所从事的职业，对现在的学科学习有什么需求呢？在这个练习中，您需要认真思考自己以后想从事的职业，然后通过各种途径搜集关于这个职业的相关信息，了解这个职业对当前学习的要求。

1.请闭上眼睛，幻想来到了自己 30 岁那一年，看看自己正在做什么工作？

_____

2.请您通过各种方式（上网搜索、看书查找、采访父母或老师等）搜集关于这个职业的信息，并填写在下表中。

| 职业 | |
|---|---|
| 工作内容 | |
| 所需技能或素养 | |
| 学历要求 | |

3.中学阶段在学校里的学习和生活，能帮助您获得上述的哪些技能或素养？在学校如何获得这些技能或素养？

| 在学校可以获得的<br>职业所需技能或素养 | 如何在学校获得这些技能或素养 |
|---|---|
| 例：团队合作技能 | 在小组学习时、打篮球时、一起准备节目表演时，我们的团队合作技能会得到锻炼 |
| 1. | |
| 2. | |
| 3. | |
| 4. | |

在学校，我们可以培养自己多种多样的未来生活和职业技能及素养。学校里的学习，会让我们更加适应未来生活！

### 练习 5. 学习与不学习

通过前面的练习，相信您已经认识到上学会让我们的生活和未来变得更加美好。如果您没有上学、没有接受这些教育，您会是什么样呢？在这个练习中，您需要想象出一个没有上学的您，然后把这个您与现在接受教育的您进行对比，看一看他们之间是否存在差异。

★请将前面几个练习中，您觉察到的自己在学校获得的知识、能力和素养写在下表中。

★请想象一个不上学、没有接受教育的自己，估计这样的自己在上述知识、能力和素养方面会是怎样的水平，并写在下表中。

| 我在学校获得的<br>知识、能力和素养 | 如果我没有上学，<br>在这些方面我的水平如何 |
|---|---|
| 例子：良好的写作能力，可以把自己的想法用准确的、生动的语言表达出来。 | 有一定的写作能力，但是表达方式、遣词造句等方面会有所欠缺，写的东西会有点枯燥。 |
| 1. | |
| 2. | |
| 3. | |

续表

| 我在学校获得的<br>知识、能力和素养 | 如果我没有上学,<br>在这些方面我的水平如何 |
|---|---|
| 4. | |
| 5. | |

填写完这个表格,您一定发现自己在学校获得了很多知识和技能,自己在学校中得到了很好的成长!

## 五、成长盘点

回头浏览一下:在前面 5 个练习中,您都写了什么?您学到了什么?有什么有用的发现?请填写在下面(不是考试,没有对错,只需说明您个人的收获)。

### (一)最佳练习

在前面这 5 个练习中,哪一个练习对您来说最有用:_____

### (二)收获盘点

您从这个最佳练习中学会了什么?列出 2—3 种:

1._____

2._____

3._____

### (三)应用计划

在本周练习的下列项目中,从今天开始,您打算怎么"应用"?

| 项目 | 应用 |
|---|---|
| 学科与生活 | |
| 学科与世界 | |
| 学科与未来 | |
| 我的职业幻游 | |
| 学习与不学习 | |

## （四）效果评价

请在最符合自己的数字上画圈。

|  | 完全<br>不同意 | 不同意 | 不一定 | 同意 | 完全同意 |
| --- | --- | --- | --- | --- | --- |
| 1. 我已经从这些训练中受益。 | 1 | 2 | 3 | 4 | 5 |
| 2. 我相信我有能力运用这些技术。 | 1 | 2 | 3 | 4 | 5 |
| 3. 我相信这些技术将来还会有助于我的学习。 | 1 | 2 | 3 | 4 | 5 |

# 六、达标签署

恭喜！您已经完成了本书中学业价值的所有练习。

为了确认您的收获，我们需要有一份正式签署。

## （一）要点回顾

签署之前，可以再回顾一下增强学业价值的要点：

1. 学习与生活。

将学科学习与日常生活联系起来，觉察到这些学习给生活带来的便利。

2. 学习与世界。

将学校里的学科学习与世界上的大大小小的事件联系起来，认识到学科知识对世界发展的推动作用。

3. 学习与未来。

了解当前的学科学习与未来大学专业、未来职业之间的对应关系，感受到当前学习与自己的未来学习和生活的联系。

4. 学习与职业。

畅想未来职业，搜集该职业相关信息，认识当前学习对未来职业的意义。

5. 学习与不学习。

认识到自己在学校获得的知识、能力和素养，同时想象没有上学的自己在这些方面的水平如何，并和当前的自己进行对比。

（二）学生签署

我保证关于学业价值的所有练习都已用心完成。

学生签名：＿＿＿＿＿＿＿＿＿ 日期：＿＿＿＿＿＿＿＿＿

（三）监督者签署

我保证这个学生已经用心完成了关于学业价值的所有练习。

监督者签名：＿＿＿＿＿＿＿＿＿日期：＿＿＿＿＿＿＿＿＿

（老师、顾问、父母均可）

## 维度 2　内投调节：我该学习

### 一、理论基础

本部分主要适用于内投调节分数异常（过高或过低）、内化程度更高的动机分数较低且伴随较高的学业焦虑和回避失败的学生。

内投调节（introjected regulation，或译为内射、投射、内摄或摄入调节），是指个体吸收外部规范或价值，但并没有完全同化这些外部规范或价值，只是为避免焦虑、愧疚或为提高自尊而从事活动的动机。[1] 简言之，为规则而学习。

对内投调节的学生而言，学习动力来自自我施压，希望表现得优秀、聪明。这种压力是外部规则的内在投射，是主观、假想的，而非客观、直接的外部规则本身。比如学生为了不让父母失望，而要求自己把注意力维持在作业上。

显然，这种调节形式仍属于控制性动机。只不过控制源已经由外控转向了内控，学生有了自我卷入和自我控制，如内疚、自责和自尊维护等。不过，内化还只是刚刚开始，学生尚未真正从心理上接受（认同）它，因此还是会体验到一种被控制感和身不由己的感受。

此时，学生会在自己内心设定某种奖励和惩罚，比如每阅读 1 小时就允许自己玩 20 分钟游戏。实际上，阅读是为了游戏，对阅读本身尚未产

---

[1] RYAN R M, DECI E L. Self-determination theory and the facilitation of intrinsic motivation, social development, and well-being.[J]. American psychologist, 2000, 55(1): 68-78.

生兴趣。这一规则的制定者是自己，但来源是外部，还不是阅读内容的意义（认同调节），以及阅读带来的快乐、收获和成就感（内在动机）。

内投调节的学生可能会学习很努力，但可能对失败充满了焦虑和自责。因为他们学习主要是为了向别人展示自己的能力，因此也可能会掩盖失败。

内投调节是动机开始内化的表现，是学生自主学习的基础。作为教育者，需要注意的是：

1. 内投是权威的内化，专制不利于内投调节的进一步发展。亲其师，信其道，如果父母继续保持在孩子幼年时的专制教养风格，或教师采用专制方式，学生的自主学习力会夭折在这一阶段。

2. 内投调节训练的目的，不是让学生固守内投调节方式，而是促进内投调节进一步内化为认同调节，进而提升自主学习动力。因此，要及时洞察学生的内投调节状态，鼓励、赞扬和欣赏其内心萌生的自主性。

3. 作为教师，您花在控制学生上的时间和精力越多，您就越会失去控制和效率。满足学生的三种基本需要，比如通过合作小组学习满足归属需要，通过适度自我挑战任务满足胜任需要，通过引导并欣赏创新满足自主需求，这样才能促进学生的内投调节继续内化，向真正的自主学习发展。

## 二、应对要点

1. 认识自己内心不同的声音。

内心不同声音的出现，是成长的表现。但如果不能处理好它们的矛盾，会给自己的学习带来很大困扰。认识它是第一步。

2. 体验不同声音内心的感受和效果。

不同声音对您的处理会有不同感受，置之不理，就会积累矛盾，削弱您的自主学习力；及时协调，才有更大的合力。

3. 关注不同声音背后的诉求。

每种声音代表了独特的需求，当您的处理满足了这些需求，它们自然和谐相处。

4. 消极对话的积极重构。

重构对话，并没有改变任何一种内心的声音。重构只是采用积极视角，满足了不同声音的需要。

## 三、预期收获

✓ 对自我认识更深刻。

✓ 获得掌控学习的自主感和效能感。

✓ 为自我价值感奠定基础。

✓ 为自主学习奠定内在能量基础。

✓ 学习动机更加内化，认识到学习的重要性，向认同调节进步。

## 四、正式练习

### 练习 1. 觉察自我对话的存在

现在的您，如果跳出来看看自己，您会发现自己内心至少有了两个小人，它们经常意见不一。一个会引导着您去满足享受、逃避痛苦；另一个却让您去做您不太想做的事，比如学习。虽然您喜欢第一个给您带来的快乐，但通常您还是听从了第二个。否则您会感到内疚、自责。甚至于学得不够好，您都会担心。只有学好了，您才觉得自己很有价值。

这时，您内心的第三个小人也在成长，它试图调和前面两个。调和成功，您就超越了它们，它们的能量就属于您了！不成功，您就消耗了这些能量。觉察它们的对话，有助于您超越它们，为自己充满能量。

下面，您可放松几分钟，闭目回想一下：关于学习，您对自己有哪些要求、约束、规定或条件？ 想象一下这三个小人如何对话？选出 3 个最成功的和 3 个最不成功的对话，填在下表中。

|  | 第一个小人 | 第二个小人 | 第三个小人 |
|---|---|---|---|
| 例1 | 作业太无聊,先玩会儿吧。 | 不行,我应该先做作业。 | 集中精力做作业,争取更多时间,玩个痛快! |
| 例2 | 竞争与合作?这个作文咋写,一头雾水啊。 | 一定要完成! | 老师也太难为我们了!唉,不写又不行! |
| 成功1 |  |  |  |
| 成功2 |  |  |  |
| 成功3 |  |  |  |
| 失败1 |  |  |  |
| 失败2 |  |  |  |
| 失败3 |  |  |  |

对于上表内容,您可以从纵向、横向或您自己的独特角度,您不妨做个研究,看看自己会有什么发现?

### 练习2. 体验自我对话的感受

前面您已经注意到,自己内心有些不同的声音在对话。不同的对话,会给您带来不同的感受体验。

下表中,您可使用前面的对话,也可以使用新的对话。但这次,您要补充上,这些小人的对话时的感受。(注意:第一、第二个小人的感受是在听到第三个小人调和意见后的感受变化哦!)

|  | 第一个小人 | 第二个小人 | 第三个小人 |
|---|---|---|---|
| 例1 | 作业太无聊,先玩会儿吧。<br>感受:期待—满足 | 不行,我应该先做作业。<br>感受:期望—满意 | 集中精力做作业,争取更多时间,玩个痛快!<br>感受:心安 |
| 例2 | 竞争与合作?这个作文咋写,一头雾水啊。<br>感受:抱怨—怨恨 | 一定要完成!<br>感受:期望—失望 | 老师也太难为我们了!怎么写啊!<br>感受:焦虑 |
| 成功1 | 感受: | 感受: | 感受: |

续表

|  | 第一个小人 | 第二个小人 | 第三个小人 |
|---|---|---|---|
| 成功 2 | 感受： | 感受： | 感受： |
| 成功 3 | 感受： | 感受： | 感受： |
| 失败 1 | 感受： | 感受： | 感受： |
| 失败 2 | 感受： | 感受： | 感受： |
| 失败 3 | 感受： | 感受： | 感受： |

对于上表内容，您可以从纵向、横向或您自己的独特角度，您不妨做个研究，看看自己会有什么发现？

### 练习 3. 预期自我对话的效果

前面您已经对自己内心不同声音的对话有所体验，这些体验和感受将和对话内容一起影响您的学习活动。

想想下表中的每种情况，在对话结束后，会对各方产生什么样的效果？您可使用前面的对话，也可以使用新的对话。但这次，您要补充上您认为的效果。

|  | 第一个小人 | 第二个小人 | 第三个小人 |
|---|---|---|---|
| 例 1 | 作业太无聊，先玩会儿吧。<br>效果：充满活力 | 不行，我应该先做作业。<br>效果：充满希望 | 集中精力做作业，争取更多时间，玩个痛快！<br>效果：作业玩乐两不误 |
| 例 2 | 竞争与合作？这个作文咋写，一头雾水啊。<br>效果：疲惫不堪 | 一定要完成！<br>效果：萎靡不振 | 老师也太难为我们了！怎么写啊！硬着头皮吧<br>效果：心不在焉…… |
| 成功 1 | 效果： | 效果： | 效果： |

续表

|      | 第一个小人 | 第二个小人 | 第三个小人 |
|------|-----------|-----------|-----------|
| 成功2 | 效果： | 效果： | 效果： |
| 成功3 | 效果： | 效果： | 效果： |
| 失败1 | 效果： | 效果： | 效果： |
| 失败2 | 效果： | 效果： | 效果： |
| 失败3 | 效果： | 效果： | 效果： |

对于上表内容，您可以从纵向、横向或您自己的独特角度，您不妨做个研究，看看自己会有什么发现？

### 练习 4. 反思自我对话的前因

前面练习中，您对自己内心的对话体验和后果都有了比较深入的认识。谁都不想那些失败的调和出现，但为什么还是出现了？对此做出反思，将有助于后面的重构对话。

下表中，您可使用前面练习中的失败对话，也可以使用新的对话。但这次，您要补充上这些小人为什么会这样对话。

|      | 第一个小人 | 第二个小人 | 第三个小人 |
|------|-----------|-----------|-----------|
| 例1 | 作业太无聊，先玩会儿吧。<br>原因：需要满足 | 不行，我应该先做作业。<br>原因：父母的要求 | 集中精力做作业，争取更多时间，玩个痛快！<br>原因：求得心安 |
| 例2 | 竞争与合作？这个作文咋写，一头雾水啊。<br>原因：不想付出 | 一定要完成！<br>原因：教师要求 | 老师也太难为我们了！怎么写啊！<br>原因：缺乏自信 |
| 失败1 | 对话：<br>原因： | 对话：<br>原因： | 对话：<br>原因： |

续表

| | 第一个小人 | 第二个小人 | 第三个小人 |
|---|---|---|---|
| 失败 2 | 对话：<br>原因： | 对话：<br>原因： | 对话：<br>原因： |
| 失败 3 | 对话：<br>原因： | 对话：<br>原因： | 对话：<br>原因： |

对于上表内容，您可以从纵向、横向或您自己的独特角度，您不妨做个研究，看看自己会有什么发现？

### 练习 5. 重构自我对话的表达

积极的自我对话会带来调和成功，使您信心倍增、充满能量感，事半功倍；但消极的自我对话会导致调和失败，让您耗费很多能量，事倍功半。

经过前面练习，您对自己内心对话的效果和原因都有了一定把握，下面可以尝试重构一下自己的对话，让它向自己所期望的方向转变。在这方面花点心思，很有价值哦！

下表中，首先把前面练习中第三个小人不成功的对话调和转换为积极的对话，抄写在下表最左侧，然后再看看第一个和第二个小人将会怎么说。

| 第三个小人 | 第一个小人 | 第二个小人 |
|---|---|---|
| 重构例 1. 作业太多了，但这正是锻炼我集中精力的时候，我应该会节省不少时间，不耽误玩。 | 呃，那我就等着做完作业吧。 | 不错，这正是我要的！ |
| 重构例 2. 这个题目有点难，但竞争与合作这个主题在我以后的职业生涯中也会很有用，我还是应该下下功夫。 | 真有意义的话，您高兴我也跟着您开心！ | 做作业还能为未来考虑，不错不错！ |
| 重构 1. | | |
| 重构 2. | | |
| 重构 3. | | |

## 五、成长盘点

回头浏览一下：在前面 5 个练习中，您都写了什么？您学到了什么？有什么有用的发现？请填写在下面（不是考试，没有对错，只需说明您个人的收获）。

### （一）最佳练习

在前面这 5 个练习中，哪一个练习对您来说最有用：_____

### （二）收获盘点

您从这个最佳练习中学会了什么？列出 2—3 种：

1._____

2._____

3._____

### （三）应用计划

在本周练习的下列项目中，从今天开始，您打算怎么"应用"？

| 项目 | 应用 |
|---|---|
| 觉察自我对话的存在 | |
| 体验自我对话的感受 | |
| 预期自我对话的效果 | |
| 反思自我对话的前因 | |
| 重构自我对话的表达 | |

### （四）效果评价

请在最符合自己的数字上画圈。

| | 完全不同意 | 不同意 | 不一定 | 同意 | 完全同意 |
|---|---|---|---|---|---|
| 1. 我已经从这些训练中受益。 | 1 | 2 | 3 | 4 | 5 |

续表

|  | 完全<br>不同意 | 不同意 | 不一定 | 同意 | 完全同意 |
|---|---|---|---|---|---|
| 2.我相信我有能力运用这些技术。 | 1 | 2 | 3 | 4 | 5 |
| 3.我相信这些技术将来还会有助于我的学习。 | 1 | 2 | 3 | 4 | 5 |

## 六、达标签署

恭喜！您已经完成了本书中内投调节所有练习。

为了确认您的收获，我们需要有一份正式签署。

### （一）要点回顾

签署之前，可以再回顾一下内投调节练习的要点：

1. 认识自己内心不同的声音

内心不同声音的出现，是成长的表现。但如果不能处理好它们的矛盾，会给自己的学习带来很大困扰。认识它是第一步。

2. 体验不同声音内心的感受和效果

不同声音对您的处理会有不同感受，置之不理，就会积累矛盾，削弱您的自主学习力；及时协调，才有更大的合力。

3. 关注不同声音背后的诉求

每种声音代表了独特的需求，当您的处理满足了这些需求，它们自然和谐相处。

4. 消极对话的积极重构

重构对话，并没有改变任何一种内心的声音。重构只是采用积极视角，满足了不同声音的需要。

### （二）学生签署

我保证关于内投调节所有练习都已用心完成。

学生签名：_____ 日期：_____

### （三）监督者签署

我保证这个学生已经用心完成了关于内投调节的所有练习。

监督者签名：_____ 日期：_____

（老师、顾问、父母均可）

## 维度 3　外部调节：要我学习

### 一、理论基础

本部分主要适用于外部调节分数较高而其他动机较低的学生进行训练。

外部调节（external regulation）是指学生的学习投入并非出自自己的愿望，也不受自己支配，而只是为了获得与学习内容无关的奖赏，或避免惩罚。在 Deci 和 Ryan 提出的自我决定论中，外部调节属于外部动机的初级形式。受外部调节而学习的学生，其归因上的控制点是外部控制的，其行为也与外部直接的指导、要求、命令、限制、规则、规范约束和奖惩有关。例如：为了获得金钱奖励或称赞而阅读，或是出于害怕被批评而完成作业。

对于中小学生来说，外部调节是不可少的。适当运用和激发外部动机，能够帮助他们高效完成学习任务，养成良好的学习习惯，制定合理的学习目标。在这个过程中，学习动机也在不断内化，最终达到自我调节（自主学习）。指导者要注意：

1. 物质奖励的即时激励效应很明显，但有可能会削弱自主学习力。

2. 赞扬和鼓励可以激发学习热情，但如果被视为控制手段，会导致学生反感和阻抗，不利于动机内化。

3. 值得被奖励的是良好的学习习惯，而不是表面的好成绩。

4. 尽可能不采用惩罚，如果必须，尽量采用"负惩罚"。比如平时每天可以在吃饭时看动画片，但如果因贪玩没有按时完成作业，就一周不能看。

5. 为了更好地内化外部规则，最好是采用共同协商的办法来制定。

6. 无论是奖励还是惩罚，都应及时进行。

### 二、应对要点

1. 认识您的外部调节资源。

2. 认识您的外部调节方式。

3. 走到奖惩背后看清它。

4. 认识奖惩之后的影响。

5. 走在奖惩之前。

### 三、预期收获

✓ 您的学习不只是您在努力。

✓ 奖惩一览无余。

✓ 到底有什么意图。

✓ 到底有什么意义。

✓ 您的奖惩您做主。

### 四、正式练习

#### 练习 1. 我的学习谁做主

给自己填一张日常学习任务表，看看自己的日常学习活动都是谁在推动？

首先，您可以参考本书第一个训练中的放松方法，让自己静下来，让这几天的学习活动像过电影一样快速过一下。

然后，睁开眼，梳理一下，自己每天都在重复做什么？梳理出 5 件重复率最高的事。当然，不光是学业上的努力，那些不努力的糗事，也可以晒一晒哦。

| 日常学习活动 | 爸爸 | 妈妈 | 老师 | 其他人 | 我自己 |
|---|---|---|---|---|---|
| 例1：写作业 | 委婉提示 | 吼 | 罚站 | 组长生气 | 被逼无奈 |
| 例2：上课开小差 | | | 粉笔头 | | 不由自主 |
| 例3：每天按时进班 | | 喊我起床 | 迟到罚站 | | 愿意学习知识 |
| 1. | | | | | |
| 2. | | | | | |
| 3. | | | | | |
| 4. | | | | | |

对以上表格内容，您至少可以做两种分析，横向和纵向，或者您还有自己独特的分析方法，也可以写下来。分析下，看看您会有什么发现。

---

从以上梳理中，您领悟到什么？

---

### 练习2. 我的奖惩记录

前面练习中，您已经看到了自己的学习动力来源。同时，您也看到了与动力来源相伴随的奖惩。

这次练习中，您可以换种方式，进一步侧重看清奖惩的情况。

表格中的日常学习活动一栏，可以是前面已经梳理的，直接抄过来就行。当然也可以增加其他的。

要注意两点：

1. 奖惩不仅包括他人给予的物质和精神等方面,也包括自己给予自己的;

2. 这些奖惩,不一定那么显而易见。可能很细微,也可能不是那么"现世现报",或者不是那么直接。所以,不要轻易说"没有"哦!

| 日常学习活动 | 奖励情况 | 惩罚情况 |
|---|---|---|
| 例1:按计划完成作业 | 胜利感 |  |
| 例2:上课开小差 | 小小地开心一下 | 被老师点名 |
|  |  |  |
|  |  |  |
|  |  |  |
|  |  |  |
|  |  |  |
|  |  |  |
|  |  |  |

从以上梳理中,您领悟到什么?

### 练习3. 奖惩的背后

前面练习中,您对自己学习的动力和相伴随的各种奖惩已经很有把握了。

这次练习中,您将进一步深入,寻找每一个奖惩背后的真实意图。

表格中的日常学习活动一栏,可以是前面已经梳理的,直接抄过来就行。当然也可以增加其他的。

当然,如果奖惩实施者不是您自己,您需要去核实一下,您猜测的原因或意图,是不是实施者的真实初衷。对于不一致的,您可以分析下原因,写下您自己的看法。

| 日常学习活动 | 奖励背后 | 惩罚背后 | 一致性与原因 |
|---|---|---|---|
| 例1：按计划完成作业 | 胜利感<br>天生的、自然的 | | |
| 例2：上课开小差 | | 被老师点名<br>希望我学好功课 | 一致<br>我理解老师 |
| | | | |
| | | | |
| | | | |
| | | | |
| | | | |

从以上梳理中，您领悟到什么？

### 练习 4. 奖惩之后

前面练习中，您不仅对自己学习的动力和相伴随的各种奖惩很有把握了，而且对每一个奖惩背后的意图也有了清晰的意识。

这次练习中，您要进一步弄清楚这些奖惩对您的影响。

表格中的日常学习活动一栏，可以是前面已经梳理的，直接抄过来就行。当然也可以增加其他的。

| 日常学习活动 | 奖惩方式 | 您的情绪 | 当前影响 | 未来影响 |
|---|---|---|---|---|
| 例1：按计划完成作业 | 胜利感 | 轻松 | 满足 | 对自己有信心 |
| 例2：上课开小差 | 被老师点名 | 羞愧 | 没面子 | 影响成绩 |
| | | | | |
| | | | | |
| | | | | |
| | | | | |
| | | | | |

### 练习 5. 奖励倒计时

奖励,谁都想要。但不是谁都能得到。

前面,您已经对自己的学习的动力和相伴随的各种奖惩有如此清晰的把握,包括哪些活动可以有奖励、为什么奖励、奖励的近期与远期效果,都已了然于胸。您是不是觉得自己已经摩拳擦掌、跃跃欲试了?

下面,您可以采用"番茄钟"的方法,进入奖励倒计时。

首先,您要制定一张 25 分钟计划表。设计一下,每个 25 分钟,您能完成什么样的学习任务,依次填写到下表第一栏"我的番茄钟"。

然后,在实施中,您要看看完成得如何?完成了,就可以给自己一个小小的奖励,或者一个大奖励的一次积分。

实际上,奖励的不是是否完成本身(因此您不用因为没完成而沮丧),而是您在不断地对自己在 25 分钟内能做什么有了越来越精确的把握,而且您将越来越能够集中精力于当前任务。甚至,您将体验到一种美妙的沉浸感(或称心流、福流、幸福感),这是更大的奖赏。这时候,下表中的奖励已经不再重要了。

| 我的番茄钟 | 完成/原因 | 未完成/原因 | 奖励 |
| --- | --- | --- | --- |
| 例:背完课文+写完生字 | 精力集中了 | | 1/10 个冰激凌 |
| 1. | | | |
| 2. | | | |
| 3. | | | |
| 4. | | | |
| 5. | | | |

### 五、成长盘点

回头浏览一下:在前面 5 个练习中,您都写了什么?您学到了什么?有什么有用的发现?请填写在下面(不是考试,没有对错,只需说明您个人的收获）。

### （一）最佳练习

在前面这 5 个练习中，哪一个练习对您来说最有用：_____

### （二）收获盘点

您从这个最佳练习中学会了什么？列出 2—3 种：

1._____

2._____

3._____

### （三）应用计划

在本周练习的下列项目中，从今天开始，您打算怎么"应用"？

| 项目 | 应用 |
| --- | --- |
| 我的学习谁做主 | |
| 我的奖惩记录 | |
| 奖惩的背后 | |
| 奖惩之后 | |
| 奖励倒计时 | |

### （四）效果评价

请在最符合自己的数字上画圈。

| | 完全不同意 | 不同意 | 不一定 | 同意 | 完全同意 |
| --- | --- | --- | --- | --- | --- |
| 1. 我已经从这些训练中受益。 | 1 | 2 | 3 | 4 | 5 |
| 2. 我相信我有能力运用这些技术。 | 1 | 2 | 3 | 4 | 5 |
| 3. 我相信这些技术将来还会有助于我的学习。 | 1 | 2 | 3 | 4 | 5 |

## 六、达标签署

恭喜您已经完成了本书中把握外部调节的所有练习。

为了确认您的收获,我们需要有一份正式签署。

### (一)要点回顾

签署之前,可以再回顾一下把握外部调节的要点:

1. 认识您的外部调节资源,您的学习不只是您在努力。

2. 认识您的外部调节方式,奖惩一览无余。

3. 走到奖惩背后看清它,到底有什么意图?

4. 认识奖惩之后的影响,到底有什么意义?

5. 走在奖惩之前,您的奖惩您做主。

### (二)学生签署

我保证关于减轻学业焦虑的所有练习都已用心完成。

学生签名:_____ 日期:_____

### (三)监督者签署

我保证这个学生已经用心完成了关于减轻学业焦虑的所有练习。

监督者签名:_____ 日期:_____

(老师、顾问、父母均可)

# 第三章 内部动力练习

内部动力（Internal Power），主要包括三种内在动机（Intrinsic Motivation）：乐趣、成就和求知。无论是哪种形式，都对学习具有强大的驱动力，表现为"我爱学习"。下面每个维度包括理论基础、应对要点、预期收获、正式练习（5个）、成长盘点和达标签署。各维度正式练习的目录如下。

### 维度4 内在求知：学习长智慧
练习1. 扩展兴趣点
练习2. 善用好奇心
练习3. 体验价值感
练习4. 寻求意义感
练习5. 增强关联感

### 维度5 内在成就：学习有所成
练习1. 寻找成功支点
练习2. 目标支票
练习3. 我的"一五"计划
练习4. 多元成就观
练习5. 专注于自己

### 维度6 内在乐趣：学习很快乐
练习1. 探索学科兴趣
练习2. 创造有趣的学习方式
练习3. 把爱好融入学习
练习4. 在交流中学习
练习5. 记录学习的快乐

# 维度 4　内在求知：学习长智慧

## 一、理论基础

内在的求知动机（Intrinsic Motivation to know），即求知欲，是从探索和理解新事物中获得满足的动力。学习的目的是满足对事物的兴趣、好奇，或获得对事物的理解，或为了增长理性、探索真理、寻求意义等，进而在此中获得愉悦和满足。[1] 内在的求知动机具有针对性，每个人都会有自己的兴趣点，也都会有自己丝毫不关心的领域。

与此相近的概念，还有 Dweck 的掌握取向（Mastering Orientation）。但掌握取向更侧重于在面对困难或挫折时的一种应对方式，主要是针对表现取向和习得性无助而言的。掌握取向者关注的是学习目标，而非表现得聪明，因此会把挑战看作能增长自己的才干的机遇；掌握取向的学生通常和老师的关系更好，学业情绪更积极，学业成绩也会更高。[2]

如果内在的求知动机较为稳定或者广泛，历经困难或历经时日仍然保持，就会形成稳定的掌握取向，逐渐形成一个人的智慧。

## 二、应对要点

1.扩展兴趣点：放大、扩展、提升原有的兴趣点，从点到线，从线到面，从面到体，从体到群；建立兴趣点与学业（每门课程，某一章节，或某个

---

[1]　VALLERAND R J, PELLETIER L G, BLAIS M R, et al. The Academic Motivation Scale: A Measure of Intrinsic, Extrinsic, and Amotivation in Education[J]. Educational and Psychological Measurement, 1992, 52(4): 1003-1017.

[2]　张野,李其维. 初中生师生关系、归因方式、成就目标定向与学业成绩的关系[J]. 心理科学, 2010,33(04): 785-788.

知识点）的联系。

2. **善用好奇心**：探寻自己的好奇心，与学业产生联系。

3. **体验价值感**：尝试在其他知识点、其他课程、学校生活其他方面甚至校外生活其他方面应用所学知识。

4. **寻求意义感**：发现学习或学科的意义，洞见事物间关联的通透感。

5. **增强关联感**：把自身融入某一故事角色或历史背景中，找到自己人生的使命。

## 三、预期收获

✓ 发展兴趣。

✓ 让好奇心引领自己。

✓ 体验知识的价值。

✓ 找到学习的意义。

✓ 看到学习更高的价值和意义。

## 四、正式练习

### 练习 1. 扩展兴趣点

在学校各个学科的学习中，一定存在您感兴趣、很愿意学习的知识点。如果您可以将这些感兴趣的知识点，逐渐拓展成相关的知识面，相信您在学习的过程中会收获更多快乐，也会发现更多感兴趣的知识。在这个练习中，您需要学习如何把一个感兴趣的知识点拓展成更大的知识面。

请您回想最近学到的一个感兴趣的知识点，然后按照示例填写下表。

| 最近学到的一个感兴趣的知识点 | 例子：苏轼的《水调歌头》 | |
|---|---|---|
| 所属学科 | 语文 | |

续表

| 学习这个知识点时，您想到了之前学习的哪些知识？ | 一些诗人和一些诗，如李白、杜甫、白居易，《静夜思》、《送友人》。 | |
|---|---|---|
| 关于这个知识点，您还想进一步了解哪些内容？ | 词和诗有什么区别？ | |
| 收集、了解相关信息和知识 | 询问老师，了解诗和词的信息 | |
| 新了解到的这些信息和知识中，让您感兴趣的内容 | 词牌是词区别于诗的一个特征。词牌相当于一种曲调，例如水调歌头就是词牌，这个词牌下还有不同作者填写的词，我对其他作者创作的《水调歌头》很感兴趣。 | |

从您的兴趣点出发，去发现更多有趣的知识吧！

### 练习 2. 善用好奇心

在网络信息发达的现在，常常会出现一些大家讨论热烈的社会话题或事件，或许您会对其中的一些信息感到好奇。在自己的日常生活中，您也会观察到一些能勾起您好奇心的现象，会让您想去进一步了解。拥有好奇心，是我们学习知识、认识这个世界的重要因素。在这个练习中，您需要学习如何利用自己的好奇心去探索更多的知识。

想一想，最近一段时间您对哪些事件或者生活现象感到好奇？有了这份好奇之后，您有采取什么行动吗？请您认真思考并填写下方表格。

| 最近引起您好奇心的事件或现象 | 例：新冠病毒的传播 | |
|---|---|---|
| 对于这个事件或现象您有哪些疑问 | 新冠肺炎和普通肺炎有什么区别？ | |
| 行动：搜集信息 | 询问老师、父母，上网搜索相关信息。 | |
| 对疑问的解答 | 1.病原体不同，新冠肺炎是由新冠病毒感染导致的肺炎，普通肺炎常见的致病菌有细菌、真菌、病毒以及衣原体、支原体等；2.传染性不同；3.临床症状不同；4.治疗不同。 | |

续表

| 解答中涉及的学科 | 生物 | |
| --- | --- | --- |
| 解答中出现的您感兴趣的学科知识 | 细菌、真菌和病毒的种类、作用等。 | |

因为好奇心,学习是主动的;因为好奇心,学习是高效的;因为好奇心,学习是愉悦的。学习从好奇心开始,便能更加自主、自能、自觉。

### 练习 3. 体验价值感

我们一路学习,一路成长。在学校学习的一些知识,也许曾在某一天对您的生活产生了直接影响。在您陷入困惑的时候,是否想到了一些学过的知识和技能,最终帮您解决了问题?学以致用,会让您体验到知识的价值和运用的乐趣。在这个练习中,您可以尝试将所学知识运用在其他学科或领域。

请您思考一个自己曾经在生活中运用所学知识的经历,然后回答下列问题:

1. 当时您面对的问题或情景是什么?

2. 您想到了哪些相关的知识或技能?

3. 您如何运用这个知识或技能解决了自己的问题?

4. 您对这个知识或技能有了怎样的新体会?

### 练习 4. 寻求意义感

在学校我们学习的每一门学科、每一个知识点，对于我们自己的人生发展和世界的进步都有其存在的意义。当您能清晰地意识到这些学科和知识对于未来发展的重要性时，您会更加投入到学校的学习中。在这个练习中，您需要和朋友们一起充分挖掘学科和知识的意义。

1. 在学校您最感兴趣的学科是什么？
_____

2. 请再找到几个同样对这门学科感兴趣的同学。

3. 假如你们要成立一个学科公司，你们现在需要向其他同学推销该学科，让大家认识到学习该学科的意义与价值。请完成以下两个任务：

（1）和您的同伴们一起讨论学习该学科的意义，并将讨论结果记录下来：
_____
_____

（2）请您为这个学科设计一个名片，名片要能够展示出该学科的魅力和意义。

### 练习 5. 增强关联感

文科学科充满了人文气息，充满情感和生命的律动。在学习这些学科时，角色代入的方法能够更大程度地激发我们学习的兴趣，更有效地带领我们进入当时的社会背景或人物的内心世界。这样的形式不仅可以加深我们对知识的理解，还能丰富我们自身的情感，训练我们的思维和想象力。在这个练习中，您需要试着将自己代入到李兰娟院士的角色，去面对新冠肺炎疫情的复杂情况，思考生命的休戚与共。

请您翻看《道德与法治》七年级上册，预习或复习书中第四单元第一课《敬畏生命》。看完之后，请您进行下面的练习。

您现在是传染病学专家李兰娟院士。

时间回到2020年1月下旬，武汉封城前几天。

1.请您采访一些同学：假如您是在武汉生活的人（本地人或在武汉上学、务工的人），您是否会支持封城？为什么？

请将您的采访结果汇总在下方：

_____

_____

2.请您再采访一些同学：假如您在湖北省之外生活，您是否会支持封城？为什么？

请将您的采访结果汇总在下方：

_____

_____

3.听完大家的意见，作为传染病学专家李兰娟院士的您，对于是否封城有怎样的建议？为什么？

_____

_____

4.通过这种角色代入的形式，您对生命有了怎样的思考？

_____

_____

### 五、成长盘点

回头浏览一下：在前面 5 个练习中，您都写了什么？您学到了什么？有什么有用的发现？请填写在下面（不是考试，没有对错，只需说明您个人的收获）。

#### （一）最佳练习

在前面这 5 个练习中，哪一个练习对您来说最有用：_____

#### （二）收获盘点

您从这个最佳练习中学会了什么？列出 2—3 种：

1. _____
2. _____
3. _____

#### （三）应用计划

在本周练习的下列项目中，从今天开始，您打算怎么"应用"？

| 项目 | 应用 |
| --- | --- |
| 扩展兴趣点 | |
| 善用好奇心 | |
| 体验价值感 | |
| 寻求意义感 | |
| 增强关联感 | |

#### （四）效果评价

请在最符合自己的数字上画圈。

| | 完全不同意 | 不同意 | 不一定 | 同意 | 完全同意 |
| --- | --- | --- | --- | --- | --- |
| 1.我已经从这些训练中受益。 | 1 | 2 | 3 | 4 | 5 |

续表

|  | 完全<br>不同意 | 不同意 | 不一定 | 同意 | 完全同意 |
|---|---|---|---|---|---|
| 2. 我相信我有能力运用这些技术。 | 1 | 2 | 3 | 4 | 5 |
| 3. 我相信这些技术将来还会有助于我的学习。 | 1 | 2 | 3 | 4 | 5 |

## 六、达标签署

恭喜您已经完成了本书中内在求知的所有练习。

为了确认您的收获，我们需要有一份正式签署。

（一）要点回顾

签署之前，可以再回顾一下增强内在求知的要点：

1.扩展兴趣点：放大、扩展、提升原有的兴趣点，从点到线，从线到面，从面到体，从体到群；建立兴趣点与学业（每门课程，某一章节，或某个知识点）的联系。

2.善用好奇心：探寻自己的好奇心，与学业产生联系。

3.体验价值感：尝试在其他知识点、其他课程、学校生活其他方面甚至校外生活其他方面应用所学知识。

4.寻求意义感：发现学习或学科的意义，洞见事物间关联的通透感。

5.增强关联感：把自身融入某一故事角色或历史背景中，找到自己人生的使命。

（二）学生签署

我保证关于内在求知的所有练习都已用心完成。

学生签名：_____日期：_____

（三）监督者签署

我保证这个学生已经用心完成了关于内在求知的所有练习。

监督者签名：_____日期：_____

（老师、顾问、父母均可）

# 维度 5　内在成就：学习有所成

## 一、理论基础

内在成就（intrinsic motivation to achievement or accomplishment），即内在的成就动机，是指学生从完成或创造中获得胜任感、超越感，进而感到快乐或满足。[1]比如攻克了一道难题，或产生了一个创造性解答方法，由此产生快乐和满足，就是内在成就动机驱动的。

内在成就动机是一种强大的动力，让学生不怕困难、废寝忘食地沉浸于学习内容。由于是目标驱动，可能会积极探索各种不同路径，但不太关心过程中的快乐体验，而是关注目标达成时带来的兴奋感。

成就动机对于一个人的学习成绩很重要，对于未来的事业也很有预测力。甚至有人说，麦克利兰对成就动机的研究推动了美国经济的发展。

当然，成就动机不只是内在的，还有外在的。比如表现取向的成就动机，就是为了让他人看到自己能干、胜任，而努力表现给他人，以此获得他人的认可、赞赏，目的是维护自尊，这种情况不属于内在成就动机。外在的成就动机也可以驱动成就行为，但会因为受制于他人反馈而带来情绪困扰，在遭遇失败或未获得期望的积极反馈时，会削弱成就动机。

## 二、应对要点

1. 回顾自己的成功经历，了解自身的成功品质。
2. 以"SMART"准则设定自己的短期目标。

---

[1]　DWECK C S, SORICH L. Mastery-oriented thinking[J]. Coping, 1999, 11: 232-251.

3. 畅想五年后的自己，并一步步计划到当下自己需要做什么。

4. 提示自己学业成就不只是分数，要学会看到更多形式的成就。

5. 关注自己的进步和优势，而非和别人比较。例如考试的作用是了解自己知识掌握的情况，而非与人竞争。

## 三、预期收获

✓ 觉察自己的成功经历和相关优秀品质。

✓ 学会以 SMART 原则制定中短期目标。

✓ 学习如何制定长期目标。

✓ 发现学校里更多形式的成就。

✓ 学会专注于自己而非他人，认识到考试的积极意义。

## 四、正式练习

### 练习 1. 寻找成功支点

人生的道路有起有伏，曾经的失败会让我们成长，曾经的成功也会给我们力量继续前行。在这个练习中您需要回顾一下，到目前为止最让您自豪的成功经历和近期出现的失败情况，并分析自己在这些方面所具备的优势。

1. 以时间或年龄为横坐标，以对自己的满意程度为纵坐标，画一条人生曲线。

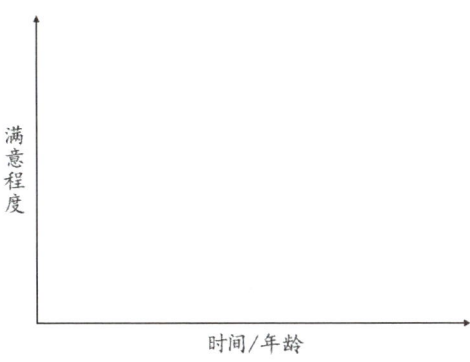

2. 请在下方先写下迄今为止自己最引以为豪的三件成功事件，并分析自己所具有的成功品质。同时，将这三件事标注在人生曲线上。

| 最引以为豪的三件成功事件 | 自己具备的成功品质 |
| --- | --- |
| 1. | |
| 2. | |
| 3. | |

3. 请回想一件最近经历的失败事件，并分析自己具有怎样的良好品质应对这次失败，以及自己打算怎么应对失败。请先完成下表，然后在人生曲线上也标注出这次失败经历。

| 近期的一件失败事件 | 应对失败的良好品质 | 打算采取什么行动应对失败 |
| --- | --- | --- |
| | | |

### 练习 2. 目标支票

漫无目的的学习和生活，会让我们变得更加散漫。而恰当的目标，则会给我们追求成功的动力。在这个练习中，您需要了解制定目标的"SMART"准则，并按照这个准则给自己制定一个目标。

例：制定目标的"SMART"准则（以读书目标为例）

| "SMART"准则 | 错误示范 | 正确示范 |
| --- | --- | --- |
| Specific 明确 | 读一本书 | 读《西游记》 |
| Measurable 可量化 | 每天读书 | 每天读一个章节 |
| Attainable 可实现 | 一天读完整本《西游记》 | 每天读完一个章节 |
| Relevant 相关 | 完成数学作业 | 准备一个笔记本 |
| Timely 时限 | 读一本书 | 两星期内读完《西游记》 |

填写"目标支票":

★请根据"SMART"准则,制定为期一个月的短期目标,填写在下方的"目标支票"上;

★找班上要好的同学为见证人,请他在"目标支票"上签名,并写下鼓励您的话。

| 目标好　步步高 | | BANK OF ACHIEVEMENT | |
|---|---|---|---|
| 目标自评<br>☐ Specific<br>☐ Measurable<br>☐ Attainable<br>☐ Relevant<br>☐ Timely | 立志者: | 时限 | 年 月 日 至 年 月 日 |
| | 目标: | | |
| | 方法: | 挑战级别<br>☆☆☆☆☆ | |
| | 给立志者的话: | | |
| | 见证人: | | |

※※※※※※※※※※※※※※※※※※※※※※※※※※※※※※※※

根据"SMART"准则制定的目标,一定是适合自己的,我们每个人的目标不同,不必与他人比较,但他人的建议和鼓励很重要。

### 练习 3. 我的"一五"计划

长期的目标会给我们更持久的动力。长期目标的实现,需要目标的分解和详细的计划。在这个练习中,您需要思考五年后您想达到什么目标,然后逐步计划到当下自己需要做什么。

1. 请您认真想一想,您希望五年后的自己是什么状态?您那个时候的生活是什么样子?请您详细描述自己的第一个五年愿景。

_____

_____

2. 请您再次确认,这是您期待的"一五"愿景吗?您会一直坚持自己的"一五"愿景吗?

_____

_____

3. 如果您已经确认了上述五年愿景，请您按照这个最终目标，倒推出下表每个时间节点您的目标和计划是什么。

| 时间 | 目标 | 计划 |
| --- | --- | --- |
| 第四年 | | |
| 第三年 | | |
| 第二年 | | |
| 第一年 | | |
| 第六个月 | | |
| 第一个月 | | |
| 第一周 | | |

目标和计划的设定，是为了明确我们前进的方向，给我们前进的动力。目标和计划的最终效果，需要靠坚定的执行力来完成。所以，请按照您的"一五"计划，认真执行每一步吧！

### 练习 4. 多元成就观

"分、分，学生的命根"，这是大家的真实体会。但分数只是表面，其背后往往是其他成就的积累，包括发展技能、解决问题的策略、学习新事物的态度，甚至是情感、思维模式、价值感等更深层动力的积累。研究表明，对成就有更广泛的视角，也就是看到分数背后、分数之外的成就，能够帮助大家避免因一时的成绩失利而感到挫败，同学们也会更享受学校生活，会表现得更好。

在这个练习中，您要觉察自己取得过的不同类型的成就，以及为什么它们很重要。

| 多样的成就 | 最近一次您体验到这种成就 | 为什么算作成就? |
|---|---|---|
| 一个学科所学的东西，在另一个学科上帮助了我。 | 上周我在历史课上的所学，帮助我理解了英语课上的一首诗。 | 我能够理解一首我平常很难理解的诗。 |
| 有些东西一开始看起来很难，但我最终理解了。 | | |
| 我对别人之前教我的东西开始感兴趣了。 | | |
| 我学到了一些新事物。 | | |
| 我用一种新的方法看待问题。 | | |
| 这件事让我觉得自己很有价值。 | | |

正如您所见，除了您的分数，学校生活里还有各种各样的成就。让您感到兴奋的每一种收获，都是成就！

从现在开始，您要用这种新的"多元成就观"来看待自己。您会发现您的学校生活竟然充满成就，如此令人兴奋！

## 练习 5. 专注于自己

在日常学习生活中，我们有时会把焦点放在他人身上，例如"这次考试我要超过某某同学"。焦点在他人身上时，我们容易忽视学习和掌握知识本身的重要性，较少体会到求知的快乐，更多的可能是担忧、沮丧、嫉妒等消极情绪。

如果把考试当作与人竞争的平台，我们有时候会受到这种竞争激励，但更多时候会因为不如他人而无心学习。在经历了一次自认为失败的考试后，有些同学情绪持续低落，久久不能投入到新阶段的学习中。如果您也有类似的情况，您需要想一想我们为了什么而考试。在这个练习中，您将会学习如何积极地看待考试，如何更好地投入学习。

请您描述一次这种经历：

| 某次失利 | 与人竞争的想法 | 失利情绪 | 后续学习 |
|---|---|---|---|
| 例：上次考试我没有考过某某同学。 | 我和他学习时间都差不多，但是他就考得比我好，可能是我没有他聪明。 | 难过<br>沮丧<br>灰心丧气 | 投入到学习中，但是难以有积极的、全身心投入的感觉。 |
|  |  |  |  |

不妨换个角度。当我们把考试当作了解自己学习效果的机会时，面对同样的考试结果，我们可能会有不一样的想法、情绪，采取不同的行动。请您从这个角度来描述上述考试失利的经历。

| 某次失利 | 反思自己的想法 | 失利情绪 | 后续学习 |
|---|---|---|---|
| 例：上次考试我失分很多，尤其是语文上。 | 试卷的失分项反映了我这些知识掌握得不牢，语文阅读失分多其实说明了我阅读能力应该重点提高。 | 难过<br>期待 | 知道了后续努力的重点，集中精力投入到学习中，面对学习有信心，心态更积极。 |
|  |  |  |  |

面对考试，如果我们能够聚焦于自己，而不是和他人的竞争，我们能更充分地利用考试结果来指导我们下阶段的学习，担心考试失败的焦虑感也会大大减轻。

## 五、成长盘点

回头浏览一下：在前面 5 个练习中，您都写了什么？您学到了什么？有什么有用的发现？请填写在下面（不是考试，没有对错，只需说明您个人的收获）。

（一）最佳练习

在前面这 5 个练习中，哪一个练习对您来说最有用：＿＿＿＿＿＿

## （二）收获盘点

您从这个最佳练习中学会了什么？列出 2—3 种：

1. _____

2. _____

3. _____

## （三）应用计划

在本周练习的下列项目中，从今天开始，您打算怎么"应用"？

| 项目 | 应用 |
| --- | --- |
| 寻找成功支点 | |
| 目标支票 | |
| 我的"一五"计划 | |
| 多元成就观 | |
| 专注于自己 | |

## （四）效果评价

请在最符合自己的数字上画圈。

| | 完全不同意 | 不同意 | 不一定 | 同意 | 完全同意 |
| --- | --- | --- | --- | --- | --- |
| 1. 我已经从这些训练中受益。 | 1 | 2 | 3 | 4 | 5 |
| 2. 我相信我有能力运用这些技术。 | 1 | 2 | 3 | 4 | 5 |
| 3. 我相信这些技术将来还会有助于我的学习。 | 1 | 2 | 3 | 4 | 5 |

### 六、达标签署

恭喜您已经完成了本书中关于内在成就的所有练习。

为了确认您的收获,我们需要有一份正式签署。

#### (一)要点回顾

签署之前,可以再回顾一下增强内在成就的要点:

1. 回顾自己的成功经历,了解自身的成功品质。

2. 利用"SMART"准则设定自己的短期目标。

3. 畅想五年后的自己,并一步步计划到当下自己需要做什么。

4. 提示自己学业成就不只是分数,要学会看到更多形式的成就。

5. 关注自己的进步和优势,而非和别人比较。例如考试的作用是了解自己知识掌握的情况,而非与人竞争。

#### (二)学生签署

我保证关于内在成就的所有练习都已用心完成。

学生签名:_____ 日期:_____

#### (三)监督者签署

我保证这个学生已经用心完成了关于内在成就的所有练习。

监督者签名:_____日期:_____

(老师、顾问、父母均可)

## 维度 6　内在乐趣：学习很快乐

### 一、理论基础

本练习适用于内在乐趣维度得分较低的学生。

内在乐趣（intrinsic motivation to experience stimulation），是为了学习过程本身所体验到的快乐和满足而去学习，比如学习内容带来的趣味体验或赏心悦目的美感、智力活动快感以及思想洗礼的道德感、崇高感甚至沉浸于学习时的福流体验（flow）或高峰体验（peak experiences）等各种积极情感[1]。

以内在乐趣为动力的学生，学业情绪会更积极，也会更愿意主动投入学习。但需要注意的是，乐趣可能会有较强的特异性，也就是可能只限于某些学科或某类知识。测评中泛泛的内在乐趣，并不一定适合所有学科。

内在兴趣的提升。初期可以创设有趣的教学情景，或使用外在奖惩，但要注意，外在奖励尤其是惩罚，可能破坏学生的自我决定感，要保证学生选择的自由。

### 二、应对要点

1. 探索自己的学科兴趣，并在与同学的交流中了解对其他学科如何产生兴趣。

2. 创造一些游戏的形式进行学习，增加学习趣味。

3. 将自己的兴趣爱好融入学习，创造趣味的学习方式。

---

[1]　DWECK C S, SORICH L. Mastery-oriented thinking[J]. Coping, 1999, 11: 232-251.

4. 积极与同学进行学习交流，并了解自己有效的交流方式。

5. 观察学习中的有趣的内容、多思考有趣的问题，并将这些内容及时用纸笔记录下来。

### 三、预期收获

✓ 觉察自己对学科学习的兴趣。

✓ 学会创造有趣的学习方式。

✓ 学会将自己的爱好与当下学习联系起来。

✓ 学会在交流中感受学习的乐趣。

✓ 学会记录学习中的愉快感受。

### 四、正式练习

#### 练习 1. 探索学科兴趣

兴趣是最好的老师，有强烈兴趣的事情通常源自我们内在的需要和动机。我们在学校学习的科目多种多样，其中一定有您感兴趣、学起来比较开心的科目。在这个练习中，您需要探索自己感兴趣的学科，并和同学进行分享。

1. 请您根据自己对所学科目的喜爱程度进行排序，把最感兴趣的学科排在第一位，并说说自己对这个学科感兴趣的原因。

| 排名 | 学科 | 原因 | 备注 |
| --- | --- | --- | --- |
| 1 | | | |
| 2 | | | |
| 3 | | | |
| 4 | | | |
| 5 | | | |

2. 想一想，您是怎样对某一学科产生兴趣的，并写在下方。

3.请和您要好的朋友分享一下上述经历。

4.请和您要好的朋友讨论一下，对于您自己不喜欢的那门学科，怎么培养兴趣。然后将你们讨论的结果写在下方。

_____

_____

练习 2. 创造有趣的学习方式

学校里要学习的学科、每个学科要掌握的知识，我们也许不能决定，但是我们能够决定以怎样的方式去学习这些内容。当我们以有趣的方式学习时，学习的趣味就会增加，学习的过程也会变得更加愉快。在这个练习中，您可以试着用游戏的方式来学习。

1.记忆和巩固英语单词的时候，您可以试着以"单词接龙"游戏的方式进行。在这个游戏中，您想想一个最近学到的单词，然后以这个单词的最后一个字母来接着说出以该字母打头的另一个单词，每个单词都不能重复。请在下方横线上试着进行一次单词接龙。（例子：happy → youth → hot → tomato → ocean ……）

_____

_____

2.您也可以和其他同学一起进行"单词接龙"游戏。一个同学说出一个单词，另一个同学以上个同学说到的单词的最后一个字母为打头，说出新的单词，以此类推，每个同学的单词不能重复。在接龙的过程中，同学们时时刻刻都在为轮到自己说什么单词而积极、主动地思考和准备，效果也许比一个人的单词接龙更好。

3.请您和其他同学一起讨论，关于记忆单词，还有什么有趣的形式，请把讨论结果写在下方。

_____

_____

下次当您觉得背单词很无聊时，请试试这些有趣的方法吧！

### 练习 3. 把爱好融入学习

您一定有一些兴趣爱好，做这些事情的时候您会觉得很开心、时间过得很快。当您的兴趣爱好和学习结合起来时，学习的过程也会变得更有趣、更开心。在这个练习中，您可以试着将您感兴趣的那些事物、活动与学习联系在一起，并在以后的学习中将其运用。

1.想一想，您有哪些兴趣爱好或者是做起来很开心的事情？请写在下表中。

| 做这些事情的时候，我觉得很开心 ||
|---|---|
| 例子：看话剧 | 4. |
| 例子：听音乐 | 5. |
| 1. | 6. |
| 2. | 7. |
| 3. | 8. |

2.请您认真想一想，上述这些兴趣爱好可以和哪些学科结合？如何结合让这个学科的学习变得更加有趣？请在下表中写出。

| 兴趣爱好 | 可以运用于哪些学科 | 如何运用于这些学科 |
|---|---|---|
| 例子：看话剧 | 语文、英语 | 将一些课文故事编成剧本，然后和同学们一起合作演出来 |
| 1. | | |
| 2. | | |
| 3. | | |
| 4. | | |
| 5. | | |
| 6. | | |

| 兴趣爱好 | 可以运用于哪些学科 | 如何运用于这些学科 |
|---|---|---|
| 7. | | |
| 8. | | |

### 练习 4. 在交流中学习

有时候我们会对一些学习内容存在疑惑，或是很感兴趣，会有想和其他同学一起讨论、交流的想法。在交流中，我们不仅能够解决彼此在学习上的疑惑，还可以增加学习的兴趣，让我们觉得在和同学的交流中学习比一个人学习更开心。在这个练习中，您需要探索如何和同学交流学习效果会更好。

1. 请您回想一下和同学一起讨论学习、交流学习的经历，选出您觉得最开心、收获最多的一次讨论和交流，并填写下表。

| | |
|---|---|
| 参与交流的同学 | |
| 交流的地点 | |
| 在什么时间进行的交流 | |
| 交流大概持续了多久 | |
| 交流和讨论的知识 | |
| 这次交流让您觉得很棒的原因 | |

2. 想一想，什么情况下和同学一起交流学习比一个人学习效果更好？什么情况下一个人学习效果更好？

| 和同学交流学习效果更好 | 一个人学习效果更好 |
|---|---|
| 1. | 1. |
| 2. | 2. |
| 3. | 3. |

续表

| 和同学交流学习效果更好 | 一个人学习效果更好 |
|---|---|
| 4. | 4. |
| 5. | 5. |

相信您已经知道了如何进行一次既开心又有效的学习交流了,下一次就按照您的方式去交流吧!

### 练习 5. 记录学习的快乐

我们每一个人天生都会对一些事物产生好奇心和兴趣,这是人类能够获得知识和经验的一个内在因素。好奇心的增长也会让我们感受到学习的趣味。在这个练习中,您需要学习去记录学习过程中您观察到的有趣的内容或是您想到的有趣的问题。

1.在接下来的一周,请您注意留心观察学习过程中您觉得有趣的内容或体验,每一次观察到这些内容,请您认真记录在下面的表格中。

| 学习中让您觉得<br>有趣的内容或体验 | 这个内容涉及哪些<br>学科? | 您为什么觉得这些很<br>有趣? |
|---|---|---|
| 1. | | |
| 2. | | |
| 3. | | |
| 4. | | |

2.在这一周的学习中,您一定也想到过一些您感兴趣或者有趣的问题,每次想到这样的问题请您认真记录在下面的表格中,然后试着去解答这个问题。

| 学习中您想到的有趣的<br>问题 | 这个问题涉及哪些<br>学科? | 您对这个问题的<br>思考/回答 |
|---|---|---|
| 1. | | |
| 2. | | |
| 3. | | |

| 学习中您想到的有趣的问题 | 这个问题涉及哪些学科？ | 您对这个问题的思考/回答 |
|---|---|---|
| 4. | | |

续表

其实在学习的过程中，我们都曾体验过开心和快乐，感受过学习的乐趣。有时候只是我们忘记了这些快乐体验，所以及时记下这些美好的体验，会让我们学习的快乐持续更久。

## 五、成长盘点

回头浏览一下：在前面 5 个练习中，您都写了什么？您学到了什么？有什么有用的发现？请填写在下面（不是考试，没有对错，只需说明您个人的收获）。

（一）最佳练习

在前面这 5 个练习中，哪一个练习对您来说最有用：＿＿＿＿＿＿

（二）收获盘点

您从这个最佳练习中学会了什么？列出 2—3 种：

1.＿＿＿＿＿＿＿＿＿＿＿＿＿＿＿＿＿＿＿＿＿＿＿＿＿＿＿＿

2.＿＿＿＿＿＿＿＿＿＿＿＿＿＿＿＿＿＿＿＿＿＿＿＿＿＿＿＿

3.＿＿＿＿＿＿＿＿＿＿＿＿＿＿＿＿＿＿＿＿＿＿＿＿＿＿＿＿

（三）应用计划

在本周练习的下列项目中，从今天开始，您打算怎么"应用"？

| 项目 | 应用 |
|---|---|
| 探索学科兴趣 | |
| 创造有趣的学习方式 | |
| 把爱好融入学习 | |
| 在交流中学习 | |
| 记录学习的快乐 | |

### (四) 效果评价

请在最符合自己的数字上画圈。

| | 完全<br>不同意 | 不同意 | 不一定 | 同意 | 完全同意 |
|---|---|---|---|---|---|
| 1. 我已经从这些训练中受益。 | 1 | 2 | 3 | 4 | 5 |
| 2. 我相信我有能力运用这些技术。 | 1 | 2 | 3 | 4 | 5 |
| 3. 我相信这些技术将来还会有助于我的学习。 | 1 | 2 | 3 | 4 | 5 |

## 六、达标签署

恭喜！您已经完成了本书中关于学习乐趣的所有练习。

为了确认您的收获，我们需要有一份正式签署。

### (一) 要点回顾

签署之前，可以再回顾一下增加学习乐趣的要点：

1. 探索自己的学科兴趣，并在与同学的交流中了解对其他学科如何产生兴趣。

2. 创造一些游戏的形式进行学习，增加学习趣味。

3. 将自己的兴趣爱好融入学习，创造趣味的学习方式。

4. 积极与同学进行学习交流，并了解自己有效的交流方式。

5. 观察学习中的有趣的内容、多思考有趣的问题，并将这些内容及时用纸笔记录下来。

### (二) 学生签署

我保证关于学习乐趣的所有练习都已用心完成。

学生签名：_____ 日期：_____

### (三) 监督者签署

我保证这个学生已经用心完成了关于学习乐趣的所有练习。

监督者签名：_____日期：_____

（老师、顾问、父母均可）

# 第四章　深层动力练习

**深**层动力（Deeper Motivation），是指虽然不直接驱动行为，却对行为有间接、深刻、持久影响的内部动力性因素，这些因素是成长过程中逐渐积淀下来的个人特征，具有明显的动力性。这些因素有些较难改变，比如人的人格类型或特征（包括气质类型）、学习风格（包括认知风格）及价值观等。但也有些经过训练，还是能够产生明显提升的，本书选择了如下5个方面，作为5个维度的训练，每个维度包括5个练习。

### 维度7　自我价值
练习1. 生活经历线
练习2. 赞美之词
练习3. 相似轮
练习4. 成就和目标单
练习5. 目标卡

### 维度8　自我效能
练习1. 思维方式可改变
练习2. 生活处处有成功
练习3. 才能搜索
练习4. 目标设置
练习5. 我的榜样

### 维度9　坚韧毅力
练习1. 30×2计划
练习2. 上一次当我突破时
练习3. 当我碰壁时
练习4. 记录父母的坚毅品质
练习5. 锻炼毅力

### 维度10　成长思维
练习1. 贴在背部的标签
练习2. 猜想盒
练习3. 然而的力量
练习4. 因错而生的发明
练习5. 成长型思维语言

### 维度11　积极心态
练习1. 为什么要有积极心态
练习2. 正念练习
练习3. 感恩拼图
练习4. ABCDE练习
练习5. 心流写作

## 维度 7　自我价值

### 一、理论基础

#### （一）自我价值的含义与作用

自我价值感(self-worth)，即自尊（self-esteem），是指一个人对自身重要性做出积极评价，并由此产生的积极情感体验[1]。简单说就是"悦纳自己"[2]；通俗说就是"自我感觉良好"[3]。

自我价值感是自我的一个核心成分，也是最深层的动力来源，对个体的自我和谐、幸福感、心理健康、人际信任、学习动机、坚韧毅力和学业成绩等方面的发展都有积极影响。自我价值感较低的学生，成就动机水平低，希望通过表现以获得自我价值感的补偿，而不重视自我的成长。自我价值感较高的学生，成就动机水平高，勇于接受挑战。但自我价值感过高（膨胀），且面临质疑、否定等差评时，很可能从正常的优越、自豪，转向消极的自负和自恋，容易因自我危机而产生愤怒甚至攻击，以消除消极评价，避免自我价值感下降。

#### （二）自我价值感的发展

小学阶段的自我价值感发展经过了三个阶段[4]：

---

[1] 黄希庭，杨雄.青年学生自我价值感量表的编制[J].心理科学，1998(04): 289-292+382.

[2] 龚艺华.重庆市578名大学生自我价值感水平分析[J].中国学校卫生，2006(03): 249.

[3] 毕重增，肖影影，许欢欢.国内青少年自我价值感量表研究结果的元分析[J].心理科学，2014,37(03): 625-632.

[4] 刘丽.儿童自我价值感发展的"三次革命"[J].幼儿教育，2003(13): 27.

第一个阶段：两岁左右，评价来源从父母无条件的爱和接受转向他人有条件的爱和接受；

第二个阶段：学前期，评价来源从他人有条件的爱和接受转向他人对自身能力的评价；

第三个阶段：八岁左右，评价来源转向逐渐成熟的内部评价。

进入初中，学生的自我价值感显著降低[1]，领域分化加剧，出现较大波动[2]，但中专生的自我价值感水平在绝大多数维度上均呈现逐步上升的趋势[3]。

从高三升入大学之初，自我价值感急剧下滑[4]。

在2020年新冠肺炎疫情期间大规模调查也显示，从小学高年级到初中和高中，自我价值感逐步降低。

## 二、应对要点

1. 回顾积极生活经历。

2. 建立积极的社会关系网络。

3. 积极比较。

4. 建立内在的价值评价标准。

5. 提升内在价值。

## 三、预期收获

✓ 回顾积极生活经历，建立自尊感。

✓ 通过同伴合作任务，建立自尊感。

---

[1] 张文新.初中学生自尊特点的初步研究[J].心理科学,1997(06): 504-508+575.

[2] 曾芊,翟群,游旭群.中学生自我价值感发展特征及其影响因素研究[J].华南师范大学学报(社会科学版),2008(03): 122-127+151+160.

[3] 欧阳霞,刘慧.中专生自我价值感的发展特点研究[J].职业技术教育,2008,29(25): 73-76.

[4] 黄希庭,凤四海,王卫红.青少年学生自我价值感全国常模的制定[J].心理科学,2003(02): 194-198.

- ✓ 通过帮助学生关注自己愿意实现的成就和目标建立自尊感。
- ✓ 通过选择和完成个人设定的目标,体验自主和成功。

## 四、正式练习

### 练习 1. 生活经历线

过去的生活经历,若有更多积极和有意义的回忆,就会有较高的自我价值感。

下面,请回忆过去对自己产生过积极体验的事件(尽可能多地写下能够回忆起来的这类事件),并列成一张表(关注有关运动、数学、阅读、艺术、音乐、干家务、夏天经历、帮父母或邻居做事、照顾小孩,或者家庭旅行和度假等方面的积极经历)。还可以是那些曾让您大笑、感到骄傲、取得成功或者做出重要决定的事情,从中选出最重要的八件事。

而后在一张白纸上画一条生活经历线,一端是出生日期,另一端是现在日期。可以将简笔画或者描述性陈述结合起来,沿年月顺序编排,展示您生活历程中的八个重要事件。

### 练习 2. 赞美之词

本策略能增强施与者和接受者的自我价值感,还能通过班级成员之间的积极相互作用,建立组内相互关联的意识。

"赞美之词"是指学生观察到某位同学的积极语言、行为或者助人行为后,给予的积极陈述或评议,匿名或者署名都可以。

现在，请制作几张卡片，普通名片大小即可，内容、格式都可自己设计。

请在心目中选择某一位或几位同学，回忆他近几天的积极行为，把给他/她的一个或几个积极评价写在卡片上，然后送给他/她。

今后一周内，每当听到同学发表积极的言论，或者看到同学做好事时，就填写一张卡片。留心看看，您和这位同学都有什么变化？

### 练习 3. 相似轮

该策略可以通过建立同学间关联感，来增强自我价值感。

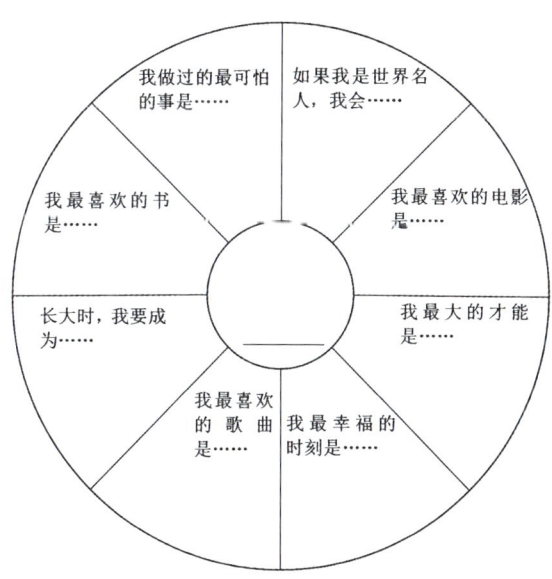

1. 圆心写上自己的名字，并且填写完成所列出的问题。

2. 让学生在班级里寻找与自己答案相同或者相似的人，找到时，互相在对方相同的部分签上名字。

3. 和大家分享自己的感受。

### 练习 4. 成就和目标单

通过关注自己愿意实现的成就和目标，也可以建立自我价值感。

思考自己已经获得的成就和能力，人们在不断地学习，当完成了以前不会做的事情时通常会感到骄傲。

下面是一张成就/目标单，请在上面每个部分上各画一幅画（可自己找一张更大的纸），回答下列每个未完成的陈述。

| 1. 我为之自豪的我能够做的一件事是…… | 2. 去年我不会做而现在会做的一件事是…… |
|---|---|
| 3. 我现在做不来，但可能明年学会做的事情是…… | 4. 我现在不会做但可能五年后能够做的事情是…… |

### 练习 5. 目标卡

本策略通过选择和完成个人设定的目标，体验自主和成功。这些目标清楚地描述了每个学生自己界定的成功标准。

首先，在卡的一面写上"短期目标"，在另一面写上"长期目标"。在标题下画出一道分割线把卡一分为二。卡的两面都要画线。从"长期目标"开始，要考虑两个个人目标或职业生涯目标，在读完高中后，您希望实现这些目标。在选出两个最重要目标之前，您可能需要一张草稿纸来列出几个目标。当您完成这项任务后,在线的一侧写下第一个目标,另一侧写下第二个目标。

接下来,把卡片翻到"短期目标"一侧,考虑您希望在下个月完成的两个重要目标。这两个目标也要分别写在分割线的两侧。

有了这些短期目标之后,考虑出三到五个能够帮助实现每个目标的具体行动。

完成建立目标卡后,关注在向目标前进中的进展情况,以及在实施目标行动中遇到的困难。您也要仔细考虑评估您实现短期目标可能性的准确性。这会引发现实目标和不现实目标差异的讨论,以及这两种目标如何与成就感联系在一起。

| 短期目标 | |
| --- | --- |
| 目标1:<br>行动: | 目标2:<br>行动: |

| 长期目标 | |
| --- | --- |
| 目标1:<br>行动: | 目标2:<br>行动: |

## 五、成长盘点

回头浏览一下:在前面 5 个练习中,您都写了什么?您学到了什么?有什么有用的发现?请填写在下面(不是考试,没有对错,只需说明您个人的收获)。

## (一)最佳练习

在前面这 5 个练习中,哪一个练习对您来说最有用:_____

## (二)收获盘点

您从这个最佳练习中学会了什么?列出 2—3 种:

1._____

2._____

3._____

## (三)应用计划

在本周练习的下列项目中,从今天开始,您打算怎么"应用"?

| 项目 | 应用 |
| --- | --- |
| 生活经历线 | |
| 赞美之词 | |
| 相似轮 | |
| 成就和目标单 | |
| 目标卡 | |

## (四)效果评价

请在最符合自己的数字上画圈。

| | 完全不同意 | 不同意 | 不一定 | 同意 | 完全同意 |
| --- | --- | --- | --- | --- | --- |
| 1. 我已经从这些训练中受益。 | 1 | 2 | 3 | 4 | 5 |

续表

|  | 完全不同意 | 不同意 | 不一定 | 同意 | 完全同意 |
|---|---|---|---|---|---|
| 2.我相信我有能力运用这些技术。 | 1 | 2 | 3 | 4 | 5 |
| 3.我相信这些技术将来还会有助于我的学习。 | 1 | 2 | 3 | 4 | 5 |

## 六、达标签署

恭喜您已经完成了本书中建立自我价值的所有练习。

为了确认您的收获，我们需要有一份正式签署。

### （一）要点回顾

签署之前，可以再回顾一下建立自我价值的要点：

1. 生活经历线

除去关注积极事件之外，还可以确定生活中的任何有意义的或重要的事件。

2. 赞美之词

好的"赞美之词"应该提及具体的行为或者陈述。例如，一个恰当的"赞美之词"可能是"今天早上，您在避风处帮助一位一年级同学拉上大衣的拉链真好"。而一个不恰当的"赞美之词"则是笼统的陈述，如"谢谢，您是一个好心人"。

3. 成就和目标单

可以将活动分成两个部分：第一天关注令人自豪的成就；第二天专注于短期和长期目标。这些可以分别陈列在题目"看，我现在能做什么"和"看，我将要做什么"之下。

4. 目标卡

完成建立目标卡后，关注在向目标前进中的进展情况，以及在实施目标行动中遇到的困难。您也要仔细考虑评估您实现短期目标可能性的准确性。这会引发现实目标和不现实目标差异的讨论，以及这两种目标如何与成就感联系在一起。

（二）学生签署

我保证关于建立自我价值的所有练习都已用心完成。

学生签名：_____ 日期：_____

（三）监督者签署

我保证这个学生已经用心完成了关于建立自我价值的所有练习。

监督者签名：_____ 日期：_____

（老师、顾问、父母均可）

# 维度 8　自我效能

## 一、理论基础

### （一）自我效能的含义

自我效能（self-efficacy），类似于俗话说的"自信心"，是在做事之前对自己能做到什么程度的信念、判断或感受。学业自我效能，就是指学生认为自己有能力完成特定学习任务的预期和判断。[1] 自我效能感带有很强的动力特征，能影响人对任务的选择、努力程度和坚持程度，也能影响思维模式和情感反应模式。学业自我效能感越高，在遭遇挫折时，就会越乐观和自信，越愿意付出更多的努力，越能更好地应对各种挑战，学习投入水平越高，因而可以直接预测学习动机、学习效果、自主学习和学业成绩，还可影响生活满意度、幸福感和心理健康[2]，甚至还与免疫系统平衡及身体健康有关。

### （二）自我效能的发展

班杜拉用因果效能感 (causal efficacy) 解释自我效能的产生，认为新生儿反复体验偶然无意动作及其所引起的环境变化，逐步意识到动作与对象变化之间的因果关系，这就是婴儿自我效能感的最初萌芽。随着儿童活动领域扩大，自我效能发展越来越分化，来源也越来越多元化，自我效能发展状况也就越来越复杂。根据中小学生大规模调查，整体上呈现下降趋势。

---

[1] BANDURA A. Self-efficacy mechanism in human agency [J]. American psychologist, 1982, 37(2): 122.
[2] 李松, 冉光明, 张琪, 等. 中国背景下自我效能感与心理健康的元分析 [J]. 心理发展与教育, 2019, 35(06): 759-768.

## 二、应对要点

1. 觉察自己的那些消极想法，看到每一个消极想法的片面性，找到积极的方面。

2. 认可自己的每一个成功。例如，将一个任务划分为几个小部分，并且完成每一部分时都对自己感到满意。

3. 看到自己的每一个进步，尽量不要只看缺点。如果没有做好，就集中精力学习怎么去改善。

4. 认识自己的天分（真的，每个人都有天分），怎么让它变成自己的优势？

## 三、预期收获

✓ 挑战自己的消极想法，积极思考。

✓ 看到自己做功课时获得成功的多种方式。

✓ 找到自己在学业上的才能和优势。

## 四、正式练习

### 练习 1. 思维方式可改变

这个练习要通过积极思维来增强您的自我效能。

自我效能水平比较低的同学，总是对自己或自己做的事情进行消极思考。在这个练习中您将识别自己的一些消极想法，寻找可以挑战这些消极想法的证据，并且找出其他可以增强您自我效能的思考方式。

想一个和您有关的即将到来的事情、作业或考试，并完成下表。

| 列出 3 个关于这个项目或考试的消极想法 | 写一些可以挑战每个想法的东西 | 写出一个新的积极想法来取代之前的旧想法 |
|---|---|---|
| 例：我害怕我会考试不及格。 | 例：之前当我努力时，我通常都会做得还可以。 | 例：如果我再努力点，我可能会考得还不错。 |

续表

| 列出3个关于这个项目或考试的消极想法 | 写一些可以挑战每个想法的东西 | 写出一个新的积极想法来取代之前的旧想法 |
|---|---|---|
| 1. | | |
| 2. | | |
| 3. | | |

下次当您以消极的方式思考一个任务或考试时，记住要：

（a）觉察消极的想法；

（b）找证据挑战这个消极想法；

（c）用这个证据产生一个积极的新想法。

### 练习2. 生活处处有成功

重要误区：人们经常忽视自己在生活中取得的各种成功。

比如，我们在做作业时，就可能有一连串成功在里面，可您却没意识到。

在这个练习中，您将要去识别出在做一件事的过程中，您取得了哪些各种不同形式的成功。

想一想您最近完成的一件事。列出完成它的每一个步骤。想一想您是不是去了图书馆、浏览了网页、准备了一个计划、和老师进行了交流、总结了要点、阅读了一些书籍、写了一篇草稿等等。如果您做了其中的任何事情，请在下表中写出，这些都是您在过程中取得的所有小成功（尽可能多列一些）。

| 在我最近的那个项目中，我做了这些事情…… |
|---|
| 例：明白了问题 |
| 例：将问题分为了几个部分 |

续表

| 在我最近的那个项目中，我做了这些事情…… |
|---|
| 1. |
| 2. |
| 3. |
| 4. |
| 5. |
| 6. |

下一次当您做一个任务、一个项目或者为考试而学习时，请记得在上交任务或考试前，认可自己在这个过程中完成的每一个步骤。通过这种方式，您能够在这个任务或考试的成绩出来之前，直接在您的生活中创造成功。当您识别出这些成功，您将完全有理由对自己感觉良好。

### 练习 3. 才能搜索

建立您的自我效能的另一个重要方法就是完全意识到您的才能所在。我们太久没有去识别自己的才能了。

我们都拥有才能，我们的才能需要被看见！

在这个练习中，您必须列出 4 个与学校相关的才能。请将谦虚扔出窗外。

| 例：我是一个很好的倾听者 |
|---|
| 1. |
| 2. |
| 3. |
| 4. |

这些是您的才能，也是您成功的关键。

★用大号字体把它们写出来。

★把它们放进您的日记里。

★把它们钉在家里的墙上。

★甚至去记住它们。

### 练习 4. 目标设置

这个练习要通过设定合理具体的目标来提升自我效能。研究表明：设置有一定挑战性，但经过努力可成功的具体而可控的目标有助于提升自我效能感。

在这个练习中，请您写下一个近期要达成的一个目标，并将该目标具体分成若干小步骤，并分析您完成每个小步骤的资源。

| 我的目标是：（例如制作一张海报） | |
|---|---|
| 请列出完成该任务的具体步骤 | 我的可控资源 |
| 1. | |
| 2. | |
| 3. | |
| 4. | |
| 5. | |
| 6. | |
| 7. | |

下一次您在学业上有新的任务和目标时，请记住先花一些时间将任务或目标分解成小步骤，并分析一下自己拥有的帮助自己完成每个小目标的资源，让自己更高效能地实现目标。

### 练习 5. 我的榜样

好的榜样也能帮助我们提升自我效能感。榜样要找相似的，或者在原本认为不相似的榜样身上找到相似之处，从而把原本不可比转变为可比，从而激发潜在的自我效能。

在下面的练习中，请选择两个学业上的榜样，可以选一个尖子生，一个与自己比较接近的，并找到自己与他们的相似之处。

| 我的榜样1： | 我的榜样2： |
| --- | --- |
| 我们的相似之处 | 我们的相似之处 |
| 例如：认真听讲 | 例如：字好看 |
| 1. | 1. |
| 2. | 2. |
| 3. | 3. |
| 4. | 4. |
| 5. | 5. |

这些是您的榜样以及您和他们的相似之处。请记住：

★常常看看您和榜样的相似之处。

★榜样可以做到的您也可以。

★及时更新你们的相似之处。

## 五、成长盘点

看一看您在最近的5个练习中都写了什么。想一想您学到了什么、有什么有用的发现。请填写在下面（没有对错之分，只需要写下最适合您的回答）。

（一）最佳练习

在前面这5个练习中，哪一个练习对您来说最有用：_____

（二）收获盘点

您从这个最佳练习中学会了什么？列出2—3种：

1. _____
2. _____
3. _____

(三) 应用计划

在本周练习的下列项目中，从今天开始，您打算怎么"应用"？请写出一个您会使用的详细方法（例："每次我认为自己做不了某事时，我会去想那些我之前取得成功的时刻"）。

| 项目 | 应用 |
| --- | --- |
| 我有哪些消极想法 |  |
| 做功课时我取得的不同形式的成功 |  |
| 我与学校相关的才能或优势 |  |
| 我的目标设置 |  |
| 我的榜样 |  |

(四) 效果评价

思考这些关于自我效能的练习，请在最符合自己的数字上画圈：

|  | 完全不同意 | 不同意 | 不一定 | 同意 | 完全同意 |
| --- | --- | --- | --- | --- | --- |
| 我相信我可以运用这些练习中学会的东西。 | 1 | 2 | 3 | 4 | 5 |

## 六、达标签署

恭喜您已经完成了本书中自我效能部分的所有练习。

为了确认您的收获，我们需要有一份正式签署。

（一）要点回顾

在签署之前，再看一眼发展自我效能的一般规则：

1. 对于那些关于自己或生活事件的消极想法，变得更加觉察。花时间去寻找能够挑战这些消极想法的证据，并且用这些证据去发展出更多思考事情的积极方法。

2. 当您做功课时，识别出您所有的成功。例如将一个任务划分为几个小部分，并且完成每一部分时都对自己感到满意。

3. 识别出您的进步，尽量不要聚焦在自己的缺点上。如果您没有做得很好，就聚焦于如何从中学习让自己进步。

4. 学习如何识别自己的才能（是的，每个人都拥有才能）并学习如何利用它们成为自己的优势。

（二）学生签署

我保证自我效能的所有练习都已完成。

学生签名：_____ 日期：_____

（三）监督者签署

我保证这个学生已经完成了关于自我效能的所有练习。

监督者签名：_____ 日期：_____

（老师、顾问、父母均可）

# 维度9　坚韧毅力

## 一、理论基础

### （一）坚韧毅力的含义

坚韧毅力，简称坚毅（grit），就是对长远及有意义目标的持续热情和坚强毅力。英文 grit 的本意是坚硬耐磨的沙砾，可引申为在磨砺或砥砺中前行，就像尼采所言："那些杀不死我的，使我更强大。"

对坚毅的深入研究始于 2005 年，美籍亚裔心理学家 Duckworth 在美国《心理科学》杂志上发表了著名研究《自制力比智商更能预测青少年学业表现》[1]。随后的一项研究发表在《人格与社会心理学杂志》上，明确使用"坚毅"一词[2]，截至 2020 年底，该研究已被学术界引用超过 5000 次。作者 2013 年的 TED（科技、娱乐、设计）演讲也风靡一时，"坚毅"成了美国教育学界的一种全新教育理念。

### （二）坚毅的特征与优势

1. 坚毅者有更高的追求：Duckworth 调查了 1.6 万名美国成年人，发现坚毅的人对愉悦的追求与他人相同，但对意义的追求和利他动机明显高于其他人。与世界相连的目标，是高层次目标，这种目标带有更高的意义感，因此动力也就更强。追求的目标越高，坚毅指数也相应越高。

---

[1] DUCKWORTH A L, SELIGMAN M E P. Self-discipline outdoes IQ in predicting academic performance of adolescents[J]. Psychological science, 2005, 16(12): 939-944.
[2] DUCKWORTH A L, PETERSON C, MATTHEWS M D, et al. Grit: perseverance and passion for long-term goals [J]. Journal of personality and social psychology, 2007, 92(6): 1087.

2. 坚毅包含热情和毅力两个成分：前者是动力，后者是保障。

3. 坚毅与多种优良品质相关：如大五人格中的尽责性、自我效能感、成长思维、乐观等，而与神经质显著负相关。

4. 坚毅者更容易成功：Duckworth 及其同事通过 10 多年对数以千计的高中生以及医学、法律、投资、绘画等行业的专家进行访谈并分析，发现坚毅比责任感、智力等其他因素更能预测成功；对学生来说，能预测学业适应、学业成就、学校满意度、归属感、坚持学业的意愿、积极情感、幸福感、生活满意度等积极变量。

### （三）坚毅的影响因素

1. 基因与发展因素：智商的遗传成分较大，而坚毅的后天成分较大，因此，每个人的坚毅都有很大提升空间。Duckworth 对 2000 多对英国青少年双胞胎的坚毅调查显示，遗传因素能解释坚毅的热情成分的 20% 和毅力成分的 37%；而且坚毅水平可能会随着年龄的增长而增加。

2. 个体因素：成长思维的人，坚毅水平会更高；坚毅与个体智商等认知因素无关；乐观的解释风格、从投入而非愉悦中获取幸福，都有更高的坚毅水平。

3. 家庭因素：缺少亲情的陪伴的农村留守儿童，坚毅程度和一般自我效能感都要低于非留守儿童；家长的榜样作用和积极教育方式，都有助于提高坚毅水平。

4. 其他社会支持：教师的积极评价、同伴的榜样和激励等，都能提高坚毅水平。

5. 情境的影响：在需要坚毅的环境中，坚毅水平会上升；回忆坚持努力后失败的经历，在随后的行为上也会表现出更高的坚毅水平。

6. 时代因素：横断研究显示，因老年人成长的时代更推崇持续的热情和毅力，他们比年轻人更加坚毅。

## 二、应对要点

1. 追求至少一个很难的事情。

2. 不要在感觉糟糕的时刻结束。

3. 适时必需的推动。

4. 制定时间表,然后坚持,反复练习。

5. 拥抱无聊和沮丧。

## 三、预期收获

√ 学习如何将花费长时间的功课或作业分为一些更小的部分。

√ 确认过去您克服挑战的次数以及您如何做到的。

√ 识别以后您能克服困难学科方面的挑战的方法。

## 四、正式练习

### 练习1. 30×2计划

当困难像大山一样难以翻越时,同学们常常会放弃做作业、任务或者项目。例如,处理一项需要花费2小时的作业也许会让人觉得难以承受。这个30×2计划可以帮助您。(a)把您的作业或今晚的学习划分为30分钟一组;(b)每一个30分钟完成后做上标记;(c)第一个30分钟里的最后2分钟休息;(d)第二个30分钟里的最后5分钟休息。当您这么做了,作业或者学习就会变得更加容易管理。甚至,时间会过得更快!现在您要用30×2计划来规划今晚的作业和学习了。

今晚执行这个计划:

| 我需要做什么 | 开始时间 | 完成时间 | 已完成 |
|---|---|---|---|
| 例:阅读并完全理解项目要求 | 6:00 | 6:28 | √(然后休息2分钟) |
| 例:做一个粗略的计划 | 6:30 | 6:55 | √(然后休息5分钟) |

续表

| 我需要做什么 | 开始时间 | 完成时间 | 已完成 |
|---|---|---|---|
| 例：完成数学作业 | 7:00 | 7:28 | √（然后休息2分钟） |
| 1. | | | |
| 2. | | | |
| 3. | | | |
| 4. | | | |
| 5. | | | |
| 6. | | | |
| 7. | | | |
| 8. | | | |

这是一个将大任务划分为诸多小部分的方法。它帮助很多同学完成了那些一开始看起来难以承受的作业或学习任务。

### 练习2. 上一次当我突破时

同学们经常忘记你们曾经对困难的功课坚持不懈。同学们常常在自己喜欢的或者有自信的学科上坚持不懈。但是这些相同的原则也适用于那些你们没有那么享受或者没有那么自信的学科。

在这个练习中，您将要识别一次面对困难功课您曾坚持不懈去突破并最终完成了的经历。

描述上一次您坚持不懈并最终突破和完成的困难功课任务。（例："我发现上一次物理学科的项目真的很难，但是我最终完成了"）

_____

_____

您想了或者对自己说了什么样的事情，帮您度过了事情开始变得困难的时刻？（例："我之前完成过类似的项目""我会一次完成一个步骤""我会尽我所能地去做，然后上网查询"）

您做了什么样的事情，帮您度过了事情开始变得困难的时刻？（例："我寻求了帮助""我上网查询了""我先处理了我知道的事情，建立起我的自信"）

您从中学到了什么，可以在下次面对困难功课任务时帮助到您？（例："完成困难任务给了我下次应对的自信"）

### 练习 3. 当我碰壁时

同学们经常放弃困难的任务，因为当你们碰壁时你们没有备用的计划或策略。

在这个练习中，您将要探索一些在这种时刻可能有用的策略。

您可能比较容易放弃哪个学科？

这个学科上您能找谁寻求帮助？（选择那个知识储备很可靠的人）

这个学科上谁是那个您能利用的好的学习伙伴？（选择一个学习伙伴，不是一个社交干扰）

您还能利用其他的什么资源？（之前相似的问题或案例、互联网、其他书籍等）

您从中学到了什么，可以在下次面对困难功课任务时帮助到您？（例：

"如果我尽力做了功课，之后我就会去翻阅教科书寻找相似的问题和相应的提示")

### 练习 4. 记录父母的坚毅品质

在我们日常生活中，您遇到挫折和困难时，是否总是得到父母的鼓励和帮助呢？每个人都会遇到各种各样的挫折和困难，相信我们的父母也经历过很多。请您回忆一件或多件父母经受挫折后仍然坚持不懈地克服困难取得成功的事件，体会自己对父母的真实情绪感受并与父母交流该事件后详细总结、记录父母克服困难的经验。

|  | 事件 1 | 事件 2 | 事件 3 | 事件…… |
|---|---|---|---|---|
| 人物 |  |  |  |  |
| 时间 |  |  |  |  |
| 地点 |  |  |  |  |
| 事件成功采取的措施 |  |  |  |  |
| 当事人的情绪体验 |  |  |  |  |
| 您的情绪及感受 |  |  |  |  |
| 您得到的经验总结 |  |  |  |  |

### 练习 5. 锻炼毅力

（一）创设一点风险

考试前，同学们经常设置一个考试目标，如考班级前 3 名、数学考 95 分等等。在高压的考前复习中难免会担心自己实现不了设置的目标而产生焦虑不安的情绪。

请在有焦虑情绪时放松身心，静静地坐下来问问自己：考试不好是对自己能力的否定吗？如何正确看待考试？

设想一下，如果自己考试考砸了，怎么办？写下您能想到的几个最糟糕的后果，然后再依次写出解决困境的步骤。

_____

_____

（二）创建一项活动

请您回忆自己是否有计划、有目的地参加过课外活动，最好是坚持一年或者一年以上的，如志愿者服务、体育、美术和舞蹈等等。在参与这些活动过程中，您的哪些成功和失败的经历对培养您的坚毅品质起着至关重要的作用？

_____

_____

（三）创造一点机会

如若没有其他校外活动机会，您完全可以选择一项您感兴趣的课外活动，来锻炼自己的坚毅品质，并坚持至少一年以上。现在，请制订详细的计划和做好准备。

_____    _____

## 五、成长盘点

看一看您在最近的5个练习中都写了什么。想一想您学到了什么，有什么有用的发现。

（一）最佳练习

下面请填写：在前面这5个练习中，哪一个对您来说最有用？

练习编号：_____

## （二）收获盘点

列出至少2件（试着写3件）这个练习教会您的或您认为最有用的事情。

1. _____
2. _____
3. _____

## （三）应用计划

下表是这周练习的5条信息。针对每一条信息，请写出一个您会使用的详细方法（例子："在困难的功课方面，我会思考之前我完成困难任务的方法"）。

| 信息 | 我怎么应用 |
| --- | --- |
| 30×2 计划 | |
| 上一次当我突破时 | |
| 当我碰壁时 | |
| 记录父母的坚毅品质 | |
| 锻炼毅力 | |

思考这些关于毅力的练习，请在最符合自己的数字上画圈：

| | 完全不同意 | 不同意 | 不一定 | 同意 | 完全同意 |
| --- | --- | --- | --- | --- | --- |
| 我相信我可以运用这些练习中学会的东西。 | 1 | 2 | 3 | 4 | 5 |

## 六、达标签署

现在您应该已经完成了毅力部分的所有练习。

为了确认您的收获，我们需要有一份正式签署。

## （一）要点回顾

在签署之前，再看一眼发展您的坚持毅力的一般规则：

1. 目标设定

清晰地明白在一个任务或考试中您想要实现的是什么，以及为什么您想要实现它，这就叫目标设定。目标设定会增强您的毅力。记得设定目标的 SMART 原则：具体（specific，能清晰地说出）、量化（measurable，每次做多少）、可达（attainable，量力而行）、向往（relevant，是您看重的）、限期（time-bound）。

2. 任务细分

认真思考为了实现您的目标您需要做的是什么。这包括了将任务分为一些更小的部分（组块）。例如对于一个任务，您可能会去思考您能读什么书，您能从哪儿获得更多信息，您如何展现您的工作。

3. 未雨绸缪

认真思考在实现您的目标的过程中您可能会遇到的困难，以及如何克服这些困难。例如您附近的图书馆里没有很多关于任务主题的书，所以您需要去另一个图书馆或者上网查询。

思考您之前克服成功道路上的挑战和障碍的次数，以及您做了什么或想了什么帮助您克服了它们。

## （二）学生签署

我保证关于毅力的所有练习都已完成。

学生签名：_____ 日期：_____

## （三）监督者签署

我保证这个学生已经完成了关于毅力的所有练习。

监督者签名：_____ 日期：_____

（老师、顾问、父母均可）

# 维度 10　成长思维

## 一、理论基础

### （一）成长思维的含义与作用

成长思维和固定思维是美国斯坦福大学心理学教授 Dweck[1] 提出的一对对立的思维模式，国内也有人翻译为成长型思维和固定型思维。成长思维是继动机内化后，沉淀为更深层动力的认知基础。

成长思维（growth mindset）是一种信念，就是相信自己的智力等基本素质可以通过自己的努力、策略和他人的帮助来培养。相反，固定思维（fixed mindset）就是认为自己智力是先定的，因而不可改变。思维模式影响学生应对挫折的方式和能力，也会影响学生的学习动机，进而影响其学业表现。

成长思维的学生会以能力增长为目标，因此更看重努力，而非一时一事的成败。这些学生面对挑战更能坚持，面对挫折与失败时更有坚韧性，而且更愿意学习新事物，把挑战和挫折当成自我提升的契机。

固定思维的学生会以成绩为目标，因此更看重别人的评价，而非在解决问题过程中提升自己。这些学生面对挑战时，会感到压力重重，因而经常躲避挑战；面对失败感到恐惧，而不是将其作为学习的机会，急于不断证明自己。可以说，大多数固定思维的人在大多数时间里都生活在不快乐中。

### （二）思维模式的发展与影响因素

---

[1] DWECK C S. Mindset: The new psychology of success[M]. Random House Digital, 2008.

思维模式是长期形成的。某种思维模式的父母、老师或教育环境下塑造的学生，就会带有这种思维模式。过于重结果和成绩的批评或表扬，会让学生有意表现自己的能力、天赋或人格特质，从而导致学生形成固定思维。固定思维模式符合人的"认知经济性原则"，本身就容易陷入不愿努力-发展受阻的恶性循环，随着时间延长，这种思维模式会越来越固化。

固定思维虽然容易固化，经过适当的干预和训练，仍然是可以改变的。神经科学研究发现，大脑可塑性是持续终生的，经过大量练习和不断努力，神经联结就会加强，甚至可以带来大脑结构上的变化。通过学习大脑可塑性的相关知识，就可以为学生带来观念上的转变，从而更多地表现出成长型思维的特征，在课堂上的学习动机更高、努力意愿更强，加上时间管理和记忆等学习策略的学习，学生就能取得更好的成绩。[1]

## 二、应对要点

1. 激发学生深层动机。

2. 让学生相信，我们的素质不是与生俱来的。

3. 是我们的学习意愿、努力与坚持，决定了变得多么精通。

## 三、预期收获

√ 建立批判性思维模式。

√ 学会从失败中学习。

√ 语言模式从固定型思维到成长型思维转变。

---

[1] FARRINGTON C A, RODERICK M, ALLENSWORTH E, et al. Teaching Adolescents to Become Learners: The Role of Noncognitive Factors in Shaping School Performance--A Critical Literature Review[M/OL]//Consortium on Chicago School Research. Consortium on Chicago School Research, 2012[2020-12-04]. https://eric.ed.gov/?id=ED542543.

## 四、正式练习

### 练习 1. 贴在背部的标签

这个策略旨在帮助您学习如何一步步进行演绎推理。

【活动指令】

1.每个学生的背部都贴上一个知名人物（或小有名气的人物）的名字。挑战是弄清背部的名字。

2.每个学生可以问答案为"是"或"否"的问题。一个学生可以回答两个问题，然后提问者再去询问其他学生。

3.如果学生愿意，他们把问到的信息记录下来。

4.如果有人问了一个关于背部人物的问题，学生的答案不是很确定，他们应该说不知道（而不是给出不正确的信息）。

5.学生通过这个解谜的过程，应该意识到自己正使用哪种思维方式。在规定的时间末尾（至少有一半的学生已经知道背部标签的人物是谁了），让学生集合，讨论活动过程。让那些还没找到答案的学生暂时不要把贴纸摘下来，因为小组可以建议他们再提一些问题。

6.通过问以下问题展开讨论（让学生举手）：你们有多少人已经知道背部人物是谁了？你们有多少人可以描述背部的人物，但不能提起具体的名字？谁需要一些提示来问下一个问题？

【汇报过程】

1.有没有人用到的策略和您的一样？请解释。

2.您提出的最有价值的问题是什么？

3.除了提问，有没有别的方法能够帮助您？

4.您做了什么样的思考？

5.如果重来一次，您会不会换一种方式去做某些事情？

【注意事项】

1.在游戏结束，老师做总结时，老师可以问学生他们在游戏一开始时问了什么问题，进而介绍或强化演绎推理的概念。大多数学生一开始问的都是些笼统的问题，比如"我的人物是女孩吗"或"我是活着的吗"。当他们对他们的人物有更多了解之后，问题就会更具体些。

2.关于标签：在现实生活中，有很多克服了困难，具备心理韧性和毅力，从挫折中学习，以及展示成长型思维的人物，在空白标签上写上这些人物的名字，贴在每个学生的背后，这样学生就看不到自己背后的名字。名字的选择要适龄。活动结束后，学生可以研究那些人物在生活中遇到了什么挫折，克服了什么困难，是如何坚持及展示成长型思维的。

3.对于低年级的学生，背部的贴纸可以是数字、形状、故事里的人物图片等。

## 练习 2. 猜想盒

猜想盒策略要求学生猜测盒子里有什么物品（选取的物品从某种程度上与教学内容相关），从而促进学生思考。

【活动步骤】

盒子里装着未知的物品，将有效促进大家思考。盒中物的选择应该与教学内容挂钩。猜想盒的活动也可以用于预评估和形成性评估。课前在黑板上或图表纸上画两栏。在第一栏的顶部写"它的特征是×××"。在第二栏的顶部（这一栏可以小一点）写一个"？"。

首先，告诉学生盒子里有东西，他们的任务就是找出盒子里装的是什么。他们可以提出答案为"是"或"否"的问题。"否"和"是"同样重要，因为两种答案都会告诉我们关于盒中物的宝贵信息。

在图表纸上，记录从提问中得到的"肯定的特征"。（不要列"不是黄的""不是圆的"等。）在活动结束时，描述盒中物的词语或短语都会清楚地罗列在图表纸上，供学生使用。

至于提出多少个问题，这个没有限制。事实上，许多学生知道盒子里的物品之后，提出的问题层次更高，老师也可以看到学生迸发的智慧的火花。

【活动指南】

1.告诉学生您在盒子里放的是实物还是实物的模型或图片。（若是模型或图片，也要当成实物一样提问题并作答。）

2.根据需要，准备一些线索。开始提问之前，说出一条线索。如果小组人数少，线索可以提供得更清楚些。

线索不可与物品名称有关。比如，如果您在盒子里放了一个南瓜，您不能说："它的首字母是'n'。"物品名与物品的特征没有关系。

3.只记录肯定的特征（即肯定的答案）。

比如：可食用的、水果、圆的、橘色的、白的、绿的、种子、长在藤上、可以被雕刻、几乎只能在秋天见到、成片地生长、有果肉、在一个童话故事里变成一辆马车、有一些搬起来很沉、种子可以拿来煮等等。

4.如果学生问"大吗""软吗""沉吗"等等，让他们和某样东西做比较，例如："跟××一样重"或"跟××一样软"。

5.偶尔学生会问一个老师不能回答的问题，或老师觉得这个问题的答案会误导学生。在这种情形下，在"？"这一栏写下问题，展示物品之后再跟学生讨论。

6.当有些学生快猜中正确答案时，问大家："你们有多少人可以问两到三个让我回答'是'的新问题？"（这要求学生更加批判性地思考盒子里是什么。）

7.大多数老师很快就结束了猜想盒的活动。其实，即使多数学生知道盒子里的物品，也可以继续进行活动，看看谁能提出更有深度的问题。（观察谁提出更高层次的问题。）

8.如果学生看起来像是知道盒子里的物品，老师说"1、2、3，小声告诉我"。如果学生说的并不是盒子中的物品，让他们继续提问。

9.总结活动的过程及反思。

【活动总结与反思】

物品展示之后，总结及反思很重要。

问学生以下问题：

1. 哪个问题帮助您弄清盒子里的物品（帮助最大的问题）？

2. 谁问的那个问题？您为何问这个问题？

问学生他们为何要问某些问题。和学生讨论哪些问题对他们而言很重要，原因是什么。从这些问题中可以得到什么信息？

3. 这个物品的三个最宝贵的特征是什么？换言之，如果我们只能选择三个词或短语来描述这个物品，它们是什么？

在图表纸或黑板上圈出或标记学生认为对于描述物品最重要的特征。

如果学生不赞成，讨论从每个特征当中获得的信息，达成一致。

跟学生分享您为何选这个物品。将其与已经学过的或将要学的内容建立联系。

【放入猜想盒的物品】

## 成长

| 物品 | 建议的线索 |
| --- | --- |
| 种子 | 您可能在外头找到的东西。 |
| 小植物 | 颜色是一个重要的因素。 |
| 一个没有成熟的草莓或西红柿 | 可以吃的。（展示物品后，讨论它们没有熟的事实。） |
| 一张成长图表 | 您可以挂的东西。或者您可能在医生的办公室找到的东西。 |

## 失败

| 物品 | 建议的线索 |
| --- | --- |
| 写着"不及格"的试卷 | 令您不开心的事。 |
| 便利贴（便利贴的发明源自另一个发明的失败） | 用纸做成的。 |
| 巧克力曲奇（因失误而发明的） | 可以握在手里的东西。 |
| 砂纸（坚韧） | 有粗糙表层的东西 |

## 大脑

| 物品 | 建议的线索 |
|---|---|
| 橡皮筋（神经可塑性） | 您可能在办公室找到的东西。 |
| 海绵 | 您做清洁时可能用到的东西。 |
| 神经元 | 从未独立存在的东西。<br>可以在您的身体内部找到的东西。<br>（向学生介绍神经元之后，把这个放入猜想盒。这可以当成形成性评估来看看他们对神经元记得多少。） |

【注意事项】

1. 非常重要的一点是，当老师认为学生已经知道盒子里有什么时，老师也不能立刻结束这个活动。

2. 学生必须通过问"是"或"否"的问题来确认盒中物。

3. 可能一开始做猜想盒活动时，您会觉得自己很笨，但请坚持！当您和您的学生做过几次活动之后，您将看到学生在提问和推理方面的成长。您也将看到您在给线索以及回应模糊问题方面的成长。

### 练习 3. 然而的力量

改变思维模式，通常不是很容易。但通过提醒自己，常常使用"然而"一词，你也可以收到意想不到的效果。这里的"然而"，是在特定的情况下：当你面临你认为自己不擅长的事情，感到可进可退，犹豫不决，甚至感到为难，打算退却时。通过使用"然而"句式，你就有可能坚持下去，产生决心和毅力，并实现自己的目标。

下面，先做些练习：

| 我不会 | 我不会_____，然而_____！ |
|---|---|
| 例子："我不会游泳。" | 例子："我不会游泳，然而通过努力，我能够学会。" |
| 1. | |

续表

| 我不会 | 我不会＿＿＿＿，然而＿＿＿＿！ |
|---|---|
| 2. | |
| 3. | |
| 4. | |
| 5. | |
| 6. | |
| 7. | |
| 8. | |

练习后，您有什么感觉？

---

### 练习 4. 因错而生的发明

错误和失败有时比原目标产生更好的结果——这是一个值得分享的概念。

下面表中是一个不完整的因错而生的发明清单，学生可以探索这些由于失败而发明的例子，也可以研究这些发明产生的背景。可以通过分组练习，轮流讲述这些故事。这些故事还可以用于批判性思考活动策略、"贴在背部的标签"活动。

| 便利贴 | Wheaties 盒装麦片 |
|---|---|
| 巧克力曲奇 | 安全玻璃 |
| 青霉素 | 飞盘 |
| 机灵鬼弹簧玩具（slinky） | 橡皮泥 |
| 圆筒冰淇淋 | 强力胶 |
| 糖精 | 玉米片 |

续表

| | |
|---|---|
| 薯片 | 塑料 |
| 起搏器 | 培乐多泥胶 |
| 香槟 | 微波炉 |
| Velcro 魔术贴 | 烟花 |
| 冰棍儿 | 火柴 |
| X 射线 | 不锈钢 |
| 特氟龙 | 您的例子： |
| 您的例子： | 您的例子： |
| 您的例子： | 您的例子： |
| 您的例子： | 您的例子： |
| 您的例子： | 您的例子： |
| 您的例子： | 您的例子： |
| 您的例子： | 您的例子： |

### 练习 5. 成长型思维语言

下表中包括一些固定型思维的例子，请同学们思考如何用成长型思维语言替换原文，促进思维类型的转变。

| 固定型思维表述 | 用以替换的成长型思维表述 |
|---|---|
| 我永远都理解不了这个！ | 我需要改变解决这个问题的策略或方式。我可以做什么（例如询问老师、网站搜索等）来帮我理解？ |
| 这对我而言太简单了。 | |
| 我不擅长这个。 | |
| 她很聪明，我绝对不会像她一样聪明。 | |

续表

| 固定型思维表述 | 用以替换的成长型思维表述 |
|---|---|
| 我真的擅长艺术。 | |
| 数学不是我的强项。 | |
| 呃！我一直弄错！ | |
| 您的例子： | |
| 您的例子： | |
| 您的例子： | |

## 五、成长盘点

回头浏览一下：在前面 5 个练习中，您都写了什么？您学到了什么？有什么有用的发现？请填写在下面（不是考试，没有对错，只需说明您个人的收获）。

### （一）最佳练习

在前面这 5 个练习中，哪一个练习对您来说最有用：_____

### （二）收获盘点

您从这个最佳练习中学会了什么？列出 2—3 种：

1._____

2._____

3._____

### （三）应用计划

在本周练习的下列项目中，从今天开始，您打算怎么"应用"？

| 项目 | 应用 |
|---|---|
| 贴在背部的标签 | |
| 猜想盒 | |

续表

| 项目 | 应用 |
|---|---|
| 然而的力量 | |
| 因错而生的发明 | |
| 成长型思维语言 | |

(四)效果评价

请在最符合自己的数字上画圈。

| | 完全不同意 | 不同意 | 不一定 | 同意 | 完全同意 |
|---|---|---|---|---|---|
| 1. 我已经从这些训练中受益。 | 1 | 2 | 3 | 4 | 5 |
| 2. 我相信我有能力运用这些技术。 | 1 | 2 | 3 | 4 | 5 |
| 3. 我相信这些技术将来还会有助于我的学习。 | 1 | 2 | 3 | 4 | 5 |

## 六、达标签署

恭喜您已经完成了本书中培养成长型思维的所有练习。

为了确认您的收获,我们需要有一份正式签署。

(一)要点回顾

签署之前,可以再回顾一下培养成长型思维的要点:

1. 激发学生深层动机。

2. 让学生相信,我们的素质不是与生俱来的。

3. 是我们的学习意愿、努力与坚持,决定了变得多么精通。

(二)学生签署

我保证关于培养成长型思维的所有练习都已用心完成。

学生签名:_____日期:_____

## （三）监督者签署

我保证这个学生已经用心完成了关于培养成长型思维的所有练习。

监督者签名：_____ 日期：_____

（老师、顾问、父母均可）

# 维度 11 积极心态

## 一、理论基础

### （一）心理健康的两个维度：心理问题与积极心态

根据 Keyes 著名的心理健康双连续体模型（two-continua model），心理健康是一种既无心理疾病又振奋向上的完整健康状态，心理疾病和积极心态分别是两个从低到高的连续体，而非此消彼长单一维度的两端。[1] 早起心理学直接面对心理疾病，但往往难以改善。如今，积极心理学更主张通过发展积极心理，获得更有效的发展。本书采用积极心理学视角，通过常用的训练技术，改善积极心态。

积极心态就是在生活中有积极情绪且在心理和社会方面都有良好功能的状态。[2] 因为积极心态只是一种状态，并未涉及更深层原因，本书将其作为学生学习的最表层的深层动力。

对于没有心理疾病症状的群体来说，心态积极是一个从消极到积极的连续体，其积极表现为振奋（flourishing），其消极表现为低落（languishing）。在美国中学生中[3]，振奋者约占 57% 比例，他们有充分的积极情感体验、有良好的心理和社会功能，且预后良好（近 12 个月会免于心理疾病）。相

---

[1] KEYES C L M. Mental illness and/or mental health? Investigating axioms of the complete state model of health [J]. Journal of consulting and clinical psychology, 2005, 73(3): 539.

[2] KEYES C L M. Complete mental health: An agenda for the 21st century[M]// Flourishing: Positive psychology and the life well-lived. Washington, DC, US: American Psychological Association, 2003: 293-312.

[3] SULDO S M, SHAFFER E J. Looking Beyond Psychopathology: The Dual-Factor Model of Mental Health in Youth[J]. School Psychology Review, 2008, 37(1): 52-68.

比之下，低落者约占 13%，他们虽然并未表现出明确的心理问题，但实际上已经在适应上缺乏足够的力量和资源了，因此可能需要心理帮助。先前研究发现，这些低落者在两三年后出现抑郁的风险较大，因此被称为心理问题的"易感者"。国内 2015 年调查显示，振奋者约占 48.8%，但低落者却占 39.7%。[1]

## （二）积极心态对学习的影响

心态是否积极，对学生的学业影响很大，也会影响其身体健康和社会功能等。心态振奋的学生拥有更好的阅读技能、学校出勤、学业自我概念、学业目标、来自同学和父母的社会支持、自我身体健康知觉，以及较少的社会问题。即使在患有心理疾病的学生中，较为振奋的学生仍能够保持较好的社会功能和身体健康。[2] 相反，心态低落的学生学习投入较低，学业自我概念较差，不太看重长远目标，学校归属感也较低。[3]

## （三）积极心态的结构

从成分上看，Keyes 把积极心态区分为三个方面[4]：1. 情绪幸福感，即感觉良好，包括快乐和生活兴趣两种积极情感和生活满意度；2. 社会幸福感，即社会功能良好，如对社会的贡献、在社会中的融入、对社会的肯定、对他人的接纳和与社会的一致性等；3. 心理幸福感，即自我功能良好，如对自我的接纳、对环境的掌控感、他人的积极关系、个人成长、自主性、生活意义和目标感等，类似于自我实现。后两者的明显区别，就在于表达时的人称不同，社会幸福感使用"我们"，心理幸福感使用"我"。

---

[1] 海曼,熊俊梅,龚少英,等.心理健康双因素模型指标的再探讨及稳定性研究[J]. 心理科学,2015,38(06): 1404-1410.

[2] SULDO S M, SHAFFER E J. Looking Beyond Psychopathology: The Dual-Factor Model of Mental Health in Youth[J]. School Psychology Review, 2008, 37(1): 52-68.

[3] MOORE S A, MAYWORM A M, STEIN R, et al. Languishing Students: Linking Complete Mental Health Screening in Schools to Tier 2 Intervention[J]. Journal of Applied School Psychology, 2019, 35(3): 257-289.

[4] Keyes, C. L. M. The Mental Health Continuum: From Languishing to Flourishing in Life[J]. Journal of Health and Social Behavior, 2002, 43(2): 207.

## 二、应对要点

1. 找到拥有积极心态的几个理由。
2. 不陷于消极情绪中。
3. 适时必需的推动。
4. 制定时间表,然后鼓励孩子坚持,反复练习。
5. 拥抱无聊和沮丧。

## 三、预期收获

✓ 觉察自己对积极心态的认知。

✓ 学习改善情绪的正念方法。

✓ 培养自己乐观的态度和树立充满希望的信念。

## 四、正式练习

### 练习1. 为什么要有积极心态?

积极心态对于每个人都有重要作用。除了前文提到的积极心态的作用,对您而言,在日常生活中积极心态有哪些独特的优势呢?写下3—4个您头脑中想到的答案(这个答案必须是在您身上真实发生的,您深切体会到的)。如果您一时想不起来或是抵触不想思考,那么请您允许自己有抵触情绪,并带着抵触情绪回到这个问题中。

为什么要有积极的心态?因为:

_____

_____

为什么要有积极的心态?因为:

_____

_____

为什么要有积极的心态?因为:

### 练习 2. 正念练习

正念练习（一）

如果您觉得日常生活中遇到了使自己感到痛苦或受挫的事情，正念是一个很有用的解决方法，它可以帮助您改善心情，将自己的注意力保持集中在重要的事情上。以下是一些关于正念的技巧和方法，不妨找一个安静的地方练习一下：

（1）在一个舒适的环境中坐下或躺下。放松并闭上眼睛，聆听四面八方的声音。

（2）感受呼吸。它是深还是浅？

（3）逐渐减缓呼吸频率，把呼吸变得长且慢。深吸一口气，短暂地屏住，然后将它呼出。将注意力更多地放在呼吸这个动作上，而不是周边的事物。

（4）当感到放松时，想一件正困扰自己的事。想一下，这件事的原因是什么，是什么让这件事变得越来越糟糕。如果可以，想一下怎么做可以改善这件事。是否需要其他人的帮助？如果需要，这个人会是谁？

（5）在脑海中将事情可能的解决方案列成一个简要计划，然后从思考中抽离出来，让注意力重新回到自己的身体上。待身体放松后，重新关注呼吸。

（6）以上都做好了，睁开眼睛。然后将关于第 4 步、第 5 步自己思考的内容记录下来并回到生活中执行。

正念练习（二）

正念训练既能有效提升积极情绪，培养乐观态度和慈悲心，还能帮助我们身心放松，减轻消极情绪。下面请准备好进行正念训练。

（1）舒服地坐着或躺着，用鼻子吸气，用嘴呼气。

（2）放松您的双臂、肩膀和脖子，让这种平静的放松感像波浪般涌遍您的全身。

（3）当您体验或思考有压力的事件时，想象您走出自己的身体，以旁观者的角度看待自己，就好像在观看一部电影。

（4）然后以旁观者的角度看待整件事，用旁观者的眼睛观察当时的情形，真正地把自己置于他人的视角，现在在将自己想象成另一个人，比如老师、同学、父母等其他家人。（注意当改变视角时，调动您所有的感官参与其中，陷入他们的生活和思维方式，采取他们的态度和个人习惯，真正进入他们的角色。）

（5）试想一下，如果是他们，您会给遇到困扰的自己什么建议呢？

_____

_____

### 练习 3. 感恩拼图

培养感恩心态是积极心理学的有效策略之一。常怀感恩之心能增加我们的情绪幸福感，提高我们的生活满意度。

在下面的感恩拼图中，请首先列出您心怀感激的 5 件事，可以是同一天发生的，也可以是您有记忆以来印象最深刻的事情。接着，请找您的同学、老师、朋友、家人等身边人填写自己的感激事件将拼图补充完整。

#### 练习 4.ABCDE 练习

在埃利斯的认知情绪治疗 ABCDE 理论中，A（activating events）代表诱发事件，B（beliefs）代表个体对诱发事件的评价、解释、看法，C（consequences）代表个体情绪和行为的结果，D（disputation）代表反驳，指反对自己想法（B）的辩论，E（energization）代表激发，就是反驳所带来的精神与行为的结果，即疏通后产生的积极的情绪和行动。

例如：

不好的事情（A）：我的期末成绩没有达到自己班级第一的预期。如果负面感受是1—10分，此时此刻，您的负面感受是几分？

想法（B）：班主任对我的喜欢程度可能降低了，同学们会感觉我不再像以前那样优秀。

后果（C）：我有点内疚，感觉对不起班主任的期待，对不起自己的努力。学习不再像以前全身心投入，有点害怕下次考试。

反驳（D）：（1）化解灾难想法：冷静一下，最坏的结果是班主任找我谈话，批评我。同学们不像以前那样对我了，私下对我这次的成绩议论纷纷。即使真是这样，我也能应对。（2）反攻计划（可以怎么做）：面对老师的约谈，说明老师依然很重视我，老师希望帮助我找到成绩下降的原因，我要做的就是自己先找到自己失利的原因，再寻求老师的帮助。

同学们对我冷淡这件事大概率不会发生，之前考试也有不好的情况（证据），我和班里同学的关系依然很好，丝毫不受影响。

反驳是否成功，可以从负面感受是否下降中看出。

如果负面感受是 1—10 分，此时此刻，您的负面感受是几分？较开始，有变化吗（上升、不变、下降）？

激发（E）：面对这次考试失利，我需要做的就是弄清楚自己考不好的原因，有针对性的改进，争取下次考试进步。

接下来几天中，请您注意发生在自己身上的任何挫折或问题，聆听自己的内在谈话，然后进行 ABCDE 练习。请将您的想法填到下面表格中：

| |
|---|
| 不好的事情（A）： |
| 想法（B）： |
| 后果（C）： |
| 反驳（D）： |
| 激发（E）： |

## 练习 5. 心流写作

心流写作法主要包括两部分：

（1）心流指将自己的思绪不加控制地，让他们自由得像流动的水一样表达出来，想到哪儿写到哪儿不受自我要求和道德约束；

（2）写作就是用文字记录自己的想法。心流写作法简单来说就是找个空闲时间，想到什么写什么，将自己潜意识里的想法写出来，与内在的自我对话。

通过心流写作，我们可以更好地认清自我，弄清楚自己真正想要的是什么，受到谁的影响最大，从而激起自己的学习动力。也可以与重要的人沟通，获得重要的人的支持和帮助。

对于初次接触的您来说，心流写作主要有四大方面内容：（1）最大特点。（2）想要什么？（3）害怕什么？（4）重要关系。

写作时可以按照以下步骤：

（1）最大特点。

思考一下，此时此刻您是谁，不受限制地、尽可能多地写出想到的关于自己的词语，直到想不出来为止。比如活泼、调皮、帅气、安静、认真、有理想等等。随后，找出三个，最多三个，对自己触动最大，情感体验最强烈的词语，能够聚焦到一个词最好。

（2）想要什么？

以"我想要"开头，自由联想。假如自己脑袋一片空白，想不出来也没关系，直接将空白这个词写在纸上接纳这种状态，继续想，也许就有新的发现。捕捉到那些对您情绪波动很大的东西，如果您捕捉到一个词，比如捕捉到"打游戏"，它没有对您产生强烈情绪触动，仅仅是想要玩两局的感觉。说明两个问题：一可能是您想要的这个东西已经实现，您空闲时候能做，不再是您的欲望；二是这个东西，不是您真正想要的。

（3）害怕什么？

正面看到害怕的会让我们直面自己的内心，增强自信的力量。以"我害怕"句式开头写下恐惧清单。比如我害怕自己浪费时间、我害怕自己不能把学到的知识全部记住。我们可以看到有时候自己的害怕是因为太想追求完美。

（4）重要关系。

想一想，一直影响您生活和学习状态的，对您来说最重要的关系。比如父母、兄弟姐妹、朋友、同学，找到对您影响最大、最重要的关系。然后思考一下，最重要的关系与您认为您的特点、和您自己想要的、您害怕的，存在什么样的关系？

最后，写100字左右的总结，在这个自我探索的过程中，您对自己的印象是怎样的？您的整体感受如何？这些就是当下您的想法，当下的您自己，在这个过程中您可以发现，有一些流动的和稳定的特质，加起来就是您。

_____
_____
_____
_____
_____
_____
_____

### 五、成长盘点

回头浏览一下：在前面5个练习中，您都写了什么？您学到了什么？有什么有用的发现？请填写在下面（不是考试，没有对错，只需说明您个人的收获）。

## （一）最佳练习

在前面这 5 个练习中，哪一个练习对您来说最有用：＿＿＿＿＿＿

## （二）收获盘点

您从这个最佳练习中学会了什么？列出 2—3 种：

1.＿＿＿＿＿＿＿＿＿＿＿＿＿＿＿＿＿＿＿＿＿＿＿＿＿＿

2.＿＿＿＿＿＿＿＿＿＿＿＿＿＿＿＿＿＿＿＿＿＿＿＿＿＿

3.＿＿＿＿＿＿＿＿＿＿＿＿＿＿＿＿＿＿＿＿＿＿＿＿＿＿

## （三）应用计划

在本周练习的下列项目中，从今天开始，您打算怎么"应用"？

| 项目 | 应用 |
| --- | --- |
| 为什么要有积极心态？ | |
| 正念练习 | |
| 感恩拼图 | |
| ABCDE 练习 | |
| 心流写作 | |

## （四）效果评价

请在最符合自己的数字上画圈。

| | 完全不同意 | 不同意 | 不一定 | 同意 | 完全同意 |
| --- | --- | --- | --- | --- | --- |
| 1. 我已经从这些训练中受益。 | 1 | 2 | 3 | 4 | 5 |
| 2. 我相信我有能力运用这些技术。 | 1 | 2 | 3 | 4 | 5 |
| 3. 我相信这些技术将来还会有助于我的学习。 | 1 | 2 | 3 | 4 | 5 |

## 六、达标签署

恭喜您已经完成了积极心态部分的所有练习。

为了确认您的收获,我们需要有一份正式签署。

### (一)要点回顾

签署之前,可以再回顾一下培养积极心态的要点:

1. 找到拥有积极心态的几个理由。

2. 不陷于消极情绪中。

3. 适时推动。

4. 制定时间表,然后鼓励学生坚持,反复练习。

5. 拥抱无聊和沮丧。

### (二)学生签署

我保证关于积极心态的所有练习都已完成。

学生签名:_____ 日期:_____

### (三)监督者签署

我保证这个学生已经用心完成了关于积极心态的所有练习。

监督者签名:_____ 日期:_____

(老师、顾问、父母均可)

# 能力提高篇

# 第五章　认知策略

认知策略（Cognitive Strategies），通俗说就是各种学习方法。使用认知策略一词，是为了更细致地分析学习过程。认知策略有两大基本功能：一是对信息进行有效的加工与整理；二是对信息进行分门别类的储存；其最终目标是记住所学内容，并为己所用。认知策略一般可分为复述策略、精加工策略和组织策略3个方面，本书做为3个训练维度，每个维度下又包含5个练习。

### 维度12　复述策略
练习1. 要点填空
练习2. 摘要复述
练习3. 思维导图
练习4. 花样复述
练习5. 适恰复述

### 维度13　组织策略
练习1. 主动探索高效学习方法
练习2. 归类总结
练习3. 列提纲
练习4. 小规模组块
练习5. 大规模组块

### 维度14　精细加工
练习1. 我的方法大盘点
练习2. 谐音记忆法
练习3. 视觉联想法
练习4. 关键词法
练习5. 意义生成法

### 维度15　批判思维
练习1. 独立思考
练习2. 跳出思维定式
练习3. 告别思维定式
练习4. 学会提问
练习5. 尝试融会贯通

## 维度 12　复述策略

### 一、理论基础

#### （一）复述策略的含义与作用

复述策略（rehearsal strategy），就是为了牢记而重复所学内容。

复述是把感觉记忆信息保持在工作记忆（短时记忆）中并维持其活性的基本方法，如果继续加工、重组，能与其他相关信息联系起来，就可以从短时记忆转换到长时记忆中去。

根据加工水平，复述可分为简单复述和精细复述。简单复述也叫保持性复述或机械复述，就是出声或不出声的重复学习内容，否则短时间内就会消退。精细复述可以使信息从短时记忆转入长时记忆。但不同于精细加工策略，精细复述的目的只是为了保持，并不是为了理解；而精细加工的目的是为了理解。

#### （二）复述策略的发展

一般来说，儿童从 5 岁开始自发的复述，随着年龄增长，逐渐能够根据记忆效果自觉熟练使用复述策略，到 10 岁左右，不仅能靠复述次数，还能通过变换复述方法，实现记忆目的。这有赖于"元记忆"对自己记忆状况、效果和方法的计划、监视和调控。

### 二、应对要点

1. 全面了解，花样复述。识记过程中常用的复述策略包括机械重复、创造性复述（要点填空、思维导图等）、摘要复述、整体与分散复述相结合、限时复述、试图回忆复述、过度复述、多通道复述等；保持过程中的复述策略包括及时复述、睡前复述、清晨复述、过电影、分散与集中相结合等。

2. 不断尝试，适恰复述。通过多种尝试与比较，找到适合不同学习材料的复述策略吧，同时也找到适合自己的复述策略。

3. 不断练习，熟能生巧。在每天的学业中有大量需要用到复述策略的知识，尽自己最大的努力将适合自己的复述策略运用起来。

### 三、预期收获

✓ 掌握要点填空的复述策略。

✓ 掌握摘要复述策略。

✓ 掌握简要思维导图的复述策略。

✓ 找到不同复述内容比较适恰的复述策略。

✓ 高效复述。

### 四、正式练习

#### 练习 1. 要点填空

我们的短时记忆容量很小，因此通过选择最关键的词语或梗概作为识记对象，有助于提高效率。要点填空、摘要复述即属于这类复述策略。

要点填空就像平时考试中的填空题，要求填空关键词设计精准，真正反映要识记内容的要点。

下面就以关于复述的知识，做个练习。请您尝试自己设计要点填空。

| 复述内容 | 要点填空 |
|---|---|
| 例：根据加工水平，复述可分为简单复述和精细复述。简单复述也叫保持性复述或机械复述，就是出声或不出声的重复学习内容，否则短时间内就会消退。精细复述可以使信息从短时记忆转入长时记忆。 | 根据加工水平，复述可分为（　　）和（　　）。简单复述也叫（　　）或（　　），就是出声或不出声的（　　）学习内容，否则短时间内就会消退。精细复述可以使信息从（　　）转入（　　）。 |
| 按照记忆的过程可将复述策略分为识记过程的复述策略和保持过程中的复述策略。 | |
| 您自己学习中的例子： | |
| 您自己学习中的例子： | |

在练习的过程中，体会一下，您能否觉察这种复述策略？它是否帮助您提高了效率？

策略是死的，您用它才活。让它活起来，为您服务吧。

### 练习2. 摘要复述

摘要复述是通过梗概提炼的方式进行复述的策略。在复述中借助事物的主要特点或事件框架，便于抓住重点，提高概括能力。

在做下面的练习前请先回想一下最近新学习的需要识记的知识，在下面的练习中尝试通过梗概复述的方式进行复述吧。在做练习的过程中请觉察这种复述策略是否帮助您提高了效率。

| 复述内容 | 摘要复述 |
|---|---|
| 例：长妈妈，已经说过，是一个一向带领着我的女工，说得阔气一点，就是我的保姆。我的母亲和许多别的人都这样称呼她，似乎略带些客气的意思。只有祖母叫她阿长。我平时叫她"阿妈"，连"长"字也不带；但到憎恶她的时候，例如知道了谋死我那隐鼠的却是她的时候，就叫她阿长。 | 阿长的身份及名字的来源。阿长是鲁迅先生的保姆。大部分人都称她长妈妈，只有鲁迅先生的祖母称她为阿长，憎恶的时候也被儿时的鲁迅先生叫作阿长。 |
| 您自己学习中的例子： | |
| 您自己学习中的例子： | |

在练习的过程中，体会一下，您能否觉察这种复述策略？它是否帮助您提高了效率？

策略是死的，您用它才活。让它活起来，为您服务吧。

### 练习3. 思维导图

"图优效应"就是说图片记忆效果优于文字，简单的思维导图具有复述作用，复杂的思维导图具有组织策略、精细加工甚至更高级的思维训练功能。

在下面的练习中，请选择一个最近学习的知识并将其转化为一个简单的思维导图，让识记变得更有创造性吧。

| 复述内容 | 思维导图 |
|---|---|
| 例：有理数包括整数和分数。在有理数范围内，整数包含有 正整数、0、负整数；分数包含有 正分数、负分数。 | 有理数 — 按定义 — 整数（正整数、0、负整数）、分数（正分数、负分数）；按性质符号 — 正有理数、0、负有理数 |
| 您自己学习中的例子： | |
| 您自己学习中的例子： | |

在练习的过程中，体会一下，您能否觉察这种复述策略？它是否帮助您提高了效率？

策略是死的，您用它才活。让它活起来，为您服务吧。

### 练习 4. 花样复述

对于难度较高的识记内容，同时运用视、听、说、读、写多个学习通道进行复述，能够有效刺激感觉系统，使人全方位接受知觉信息。

大脑喜欢新鲜刺激，机械重复容易疲劳，失去注意焦点。可以尝试使用限时复述、试图回忆复述、过度复述、分散复述、整体复述、简要复述、详细复述、创造性复述等多种复述轮换或并用。

在下面的练习中请选择一个需要识记的知识，可以是单词、课文、诗歌、历史知识等，并将其列在圆圈中，然后按照 1—5 的顺序分别进行花样复述轮换练习。

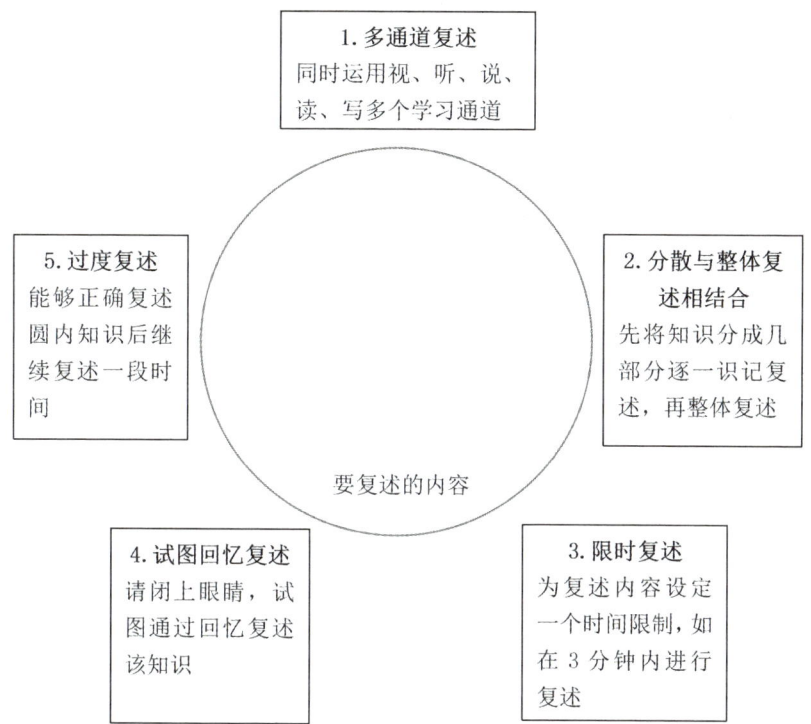

在练习的过程中,体会一下,您能否觉察这种复述策略?它是否帮助您提高了效率?

策略是死的,您用它才活。让它活起来,为您服务吧。

练习 5. 适恰复述

每天我们都从各个学科中获得许多新的需要识记的知识,面对不同类型的知识可能有更适恰的复述策略。

在下面的练习中请先头脑风暴出您能想出的不同学科需要用到复述策略的内容,然后与不同的复述策略相对照,确定您独特的更高效的复述策略吧。

| 头脑风暴<br>复述内容类型 | 复述策略 | 适恰类型 |
|---|---|---|
| 例如：单词、公式 | 1. 机械重复 | 例如：单词 |
| | 2. 要点填空 | |
| | 3. 摘要复述 | |
| | 4. 思维导图 | |
| | 5. 分散与整体结合 | |
| | 6. 多通道复述 | |
| | 7. 限时复述 | |
| | 8. 试图回忆复述 | |
| | 9. 过度复述 | |

## 五、成长盘点

回头浏览一下：在前面 5 个练习中，您都写了什么？您学到了什么？有什么有用的发现？请填写在下面（不是考试，没有对错，只需说明您个人的收获）。

### （一）最佳练习

在前面这 5 个练习中，哪一个练习对您来说最有用：_____

### （二）收获盘点

您从这个最佳练习中学会了什么？列出 2—3 种：

1._____

2._____

3. _____

### (三)应用计划

在本周练习的下列项目中,从今天开始,您打算怎么"应用"?

| 项目 | 应用 |
|---|---|
| 要点填空 | |
| 摘要复述 | |
| 思维导图 | |
| 花样复述 | |
| 适恰复述 | |

### (四)效果评价

请在最符合自己的数字上画圈。

| | 完全不同意 | 不同意 | 不一定 | 同意 | 完全同意 |
|---|---|---|---|---|---|
| 1. 我已经从这些训练中受益。 | 1 | 2 | 3 | 4 | 5 |
| 2. 我相信我有能力运用这些技术。 | 1 | 2 | 3 | 4 | 5 |
| 3. 我相信这些技术将来还会有助于我的学习。 | 1 | 2 | 3 | 4 | 5 |

## 六、达标签署

恭喜您已经完成了本书中复述策略的所有练习。

为了确认您的收获,我们需要有一份正式签署。

### (一)要点回顾

签署之前,可以再回顾一下复述策略的要点:

1. 全面了解,花样复述。

按照记忆的过程可将复述策略分为识记过程的复述策略和保持过程中

的复述策略。其中识记过程中常用的复述策略包括机械重复、创造性复述（要点填空、思维导图等）、摘要复述、整体与分散复述相结合、限时复述、试图回忆复述、过度复述、多通道复述等；保持过程中的复述策略包括及时复述、睡前复述、清晨复述、过电影、分散与集中相结合等。

2. 不断尝试比较，适恰复述。

通过多种尝试与比较，找到适合不同学习材料的复述策略吧，同时也找到适合自己的复述策略。

3. 不断练习，熟能生巧。

在每天的学业中有大量需要用到复述策略的知识，尽自己最大的努力将适合自己的复述策略运用起来。

（二）学生签署

我保证关于复述策略的所有练习都已用心完成。

学生签名：_____ 日期：_____

（三）监督者签署

我保证这个学生已经用心完成了关于复述策略的所有练习。

监督者签名：_____ 日期：_____

（老师、顾问、父母均可）

# 维度 13 组织策略

## 一、理论基础

### （一）组织策略的含义与作用

组织策略（organization strategy）是把分散的、孤立的知识集合成一个整体并表示出它们之间的关系的方法。[1]组织策略的作用：（1）信息由繁到简，通过把多个材料整合为少数有结构的整体，减少记忆负担；（2）信息从无序到有序，通过找出学习材料之间的层次结构关系，加深对材料的理解和记忆。

组织策略包括：（1）组块策略，通过联想，把孤立的材料组成一个整体，比如把多个生词组织成一个句子；（2）归类策略，即按照学习材料的特征或类别进行归类整理的方法，归类可把零散的材料结构化，由此减少记忆项目的数量；（3）主题策略，用词句简述学习材料的纲要，即层次结构和要点；（4）符号图示，用图示或表格体现学习材料的知识结构或逻辑关系（并列、对比、顺序、因果、包含、等级、层次等），绘制成概念图、流程图、思维导图；（5）表象策略，通过想象，把零散的材料用一个完整的表象整合起来。

### （二）组织策略的发展

我国的调查显示，小学三到五年级组织策略使用发展很快，水平也较

---

[1] 庞维国.自主学习：学与教的原理和策略[M].上海：华东师范大学出版社，2003:98.

高，之后发展减缓[1]；初中呈现明显下降趋势，到高三又重新开始增长。[2]主要原因可能是：（1）小学生的组织策略多是外在要求，如总结段落大意、课文中心思想、词语组句、句子排序等；（2）初中生面临突然增多的科目和加快的学习节奏，组织策略尚未内化为自身能力，因而疲于应付、难以适应；而到高中三年级，随着复习的要求，已经能够自觉使用组织策略。

## 二、应对要点

1. 与其他策略，尤其是元认知策略配合使用。[3]
2. 策略知识集中讲授，结合通用练习、学科知识练习。[4]
3. 对于新方法，多尝试，根据效果选用。
4. 行动起来，多练习。

## 三、预期收获

√ 掌握两种以上组织策略。

√ 学习如何将其运用到各学科学习中。

√ 提高学习效率。

## 四、正式练习

### 练习1. 主动探索高效学习方法

主动学习就是自己发动的学习，是学有所成必需的。比如在阅读时想到什么随手记到空白处，看完一个章节就用自己的话做个总结，看完后为了把握整体而画出思维导图……学习越主动，效率越高，也越有趣。

[1]　庞虹.儿童有关组织策略知识和记忆监控的发展以及它们与记忆行为的关系[J].心理科学,1991(06): 25-29+67.

[2]　马郑豫,张家军.中小学学生学习策略的调查研究[J].教育研究,2015,36(06): 85-95.

[3]　田澜,张大均.学习策略教学的有效性：内涵与实施[J].中国教育学刊,2010(09): 3-38.

[4]　田澜,张大均.策略教学的必要性与可行性:50年实证研究进展[J].四川师范大学学报(社会科学版),2010,37(02): 46-51.

思维导图就是一种主动学习的方法。请先把握下表中绘制思维导图的方法（也可参考其他类型思维导图的绘制方法）：

| 步骤 | 如何绘制一个思维导图 |
| --- | --- |
| 第一步 | 在一张白纸的中央画一个图像，代表您的目标。画不好也没关系。重要的是用一幅图作为思维导图的起点，因为图像可以激活您的想象力，启动您的思维。 |
| 第二步 | 绘制从中央图像向外发散的若干条粗线条，每一条线都使用不同的颜色绘制，这些分枝代表关于主题的主要思想。 |
| 第三步 | 在每个分支上写一个与主题相关的关键词，这些就是您的主要想法（您的基本分类概念）。关键词可以帮助您界定问题的本质并记住它。您也可以添加二级分支，还可以为这些分支添加联系。 |
| 第四步 | 运用您的想象力，用图画和图形改进您的思维导图。 |
| 第五步 | 用联想来扩展这幅思维导图。每一个关键词都会让您想到更多的词。例如：假如您写下了"橘子"这个词，您就会想到颜色、果汁、维生素C等等。 |

然后回想最近阅读的一篇文章或一本书的某个章节，试着在下一页为这篇文章或这个章节绘制一个思维导图吧！（请使用单独的一张A4纸。）

思维导图完成后，请填写下面内容：

1.请为它拟一个标题：_____

2.请为它写一个概要（有几个部分，各部分是什么关系）：

_____

_____

3.反思您绘制这个思维导图前后，您对这部分内容的把握情况有什么变化：

_____

## 练习 2. 归类总结

什么是归类法？在本节中将尝试运用此方法进行练习。归类是在知识材料累积到一定数量之后，把在某些方面相同、相似的材料组织在一起，以简化材料的过程。在复习和记忆某些课文时，经常要用到这种方法。

举个例子。要快速记住下列物品：猫、录音机、挂钟、衣柜、眼镜、戒指、金鱼、皮鞋、沙发、花瓶、帽子、写字台，该怎么办。

运用归类法：

猫、金鱼——动物

帽子、皮鞋、戒指、眼镜——穿戴物

录音机、挂钟、衣柜、沙发、花瓶、写字台——室内用品

这样就十分容易记牢了。

归类法可用来简化烦琐复杂的知识，现在拿起笔，来做做练习题吧！

1. 对本学期所学的语文课文类型进行分类、归纳。

（1）_____

（2）_____

（3）_____

2. 对这一周数学学习、做题中您错误的地方进行分类、归纳。

（1）_____

（2）_____

（3）_____

## 练习 3. 列提纲

列提纲是用简要的词语写下主要和次要的观点，也就是以金字塔的形式组织材料的要点，较具体的细节都包含在高一级水平的类别中，列提纲旨在把握学习材料的纲目、要点及内在联系。本节练习中主要学习列提纲的方法。

以语文作文的写作为例，提纲有：人物提纲、情节提纲、结构提纲以及总体提纲、局部提纲等。

提纲一般包含三部分内容：

1. 题目。要把题目（或补充完整的题目）写在第一行正中间。

2. 主要内容和中心。要在题目下面，简要地写出这篇作文的主要内容及要表达的中心思想。

3. 结构安排。这是作文提纲最主要的部分。

相信您已经了解了列提纲的方法，接下来进行练习试试吧！

| 练习 | 提纲 |
|---|---|
| 上次语文考试作文题目 | |
| 英语语法提纲（自选知识点） | |
| 以列提纲的方式讲故事（概括） | |

### 练习 4. 小规模组块

组块策略就是将零散的构件组成有意义的单元。对意义性不强的、难以归类的材料，力求从材料中创造出某种联系，赋予它们一定的意义；对于意义性强的材料，力求抓住字面意义背后的深层意义，进行深水平加工。

例如，现在要求您记住下列英文字母：CBATOEFLUNESCONBAWTO，可能这些字母比较长，不容易进行识记，所以就可以想办法，把这些没有意义的字母拆分成有意义的单词：CBA TOEFL UNESCO NBA WTO。这样，没有意义的字母就变成了有意义的单词，再进行识记的时候就会轻松很多，这就是组块化。当然这个只是字母，而且是按顺序排列的。您学习中的任何材料，如果您乍看上去没有意义，混乱一堆，您都可以尝试组块化。

组块化的含义，您理解了吗？下面，想一想您的学习中，哪些材料可以用组块化的方法来记忆，接下来进行练习吧！

| 组块前 | 组块后 |
| --- | --- |
| 您的材料1： | |
| 您的材料2： | |

**练习 5. 大规模组块**

"组块"的容量越大，能记住的内容就越多，能把握的知识也就越多。

您能不能把一本厚书读薄？这是衡量您会不会读书的一个标准。

能把一本厚书读薄，就是把一本书中复杂的大量内容组成了少量的组块。如果您能把它组成一个组块，您就可以把一个学科的几本厚书读成一本薄书。甚至把几个学科的很多厚书都读成一本薄书，您对这些知识的运用就游刃有余了。

绘制思维导图是知识组块的好途径。下面，做个练习吧：选本学期正在学习的一门学科，综合运用"组织策略"前面4个练习的技术，把整个课本的知识框架绘制成思维导图。

当然，要把不同学科绘制成一个思维导图，需要您更高的组织策略能力。但不妨做个尝试，做不成没关系，将来您会做得更好。

### 五、成长盘点

回头浏览一下：在前面几个练习中，您都写了什么？学到了什么？觉得哪个组织策略适合自己？请填写在下面（不是考试，没有对错，只需说明您个人的收获）。

#### （一）最佳练习

在前面这几个练习中，哪一个练习对您来说最有用：_____

#### （二）收获盘点

您从这个最佳练习中学会了什么？列出2—3种：

1._____

2._____

3._____

#### （三）应用计划

在本周练习的下列项目中，从今天开始，您打算怎么"应用"？

| 项目 | 应用 |
| --- | --- |
| 思维导图 | |
| 列提纲 | |
| 归类总结 | |
| 小规模组块 | |
| 大规模组块 | |

#### （四）效果评价

请在最符合自己的数字上画圈。

| | 完全不同意 | 不同意 | 不一定 | 同意 | 完全同意 |
| --- | --- | --- | --- | --- | --- |
| 1.我已经从这些训练中受益。 | 1 | 2 | 3 | 4 | 5 |

续表

| | 完全不同意 | 不同意 | 不一定 | 同意 | 完全同意 |
|---|---|---|---|---|---|
| 2.我相信我有能力运用这些技术。 | 1 | 2 | 3 | 4 | 5 |
| 3.我相信这些技术将来还会有助于我的学习。 | 1 | 2 | 3 | 4 | 5 |

## 六、达标签署

恭喜您已经完成了本书中组织策略的所有练习。

为了确认您的收获,我们需要有一份正式签署。

### (一)要点回顾

签署之前,可以再回顾一下组织策略的要点:

1.与其他策略,尤其是元认知策略配合使用。

2.策略知识集中讲授,结合通用练习、学科知识练习。

3.对于新方法,多尝试,根据效果选用。

4.行动起来,多练习。

### (二)学生签署

我保证关于组织策略的所有练习都已用心完成。

学生签名:_____ 日期:_____

### (三)监督者签署

我保证这个学生已经用心完成了关于组织策略的所有练习。

监督者签名:_____ 日期:_____

(老师、顾问、父母均可)

## 维度 14　精细加工

### 一、理论基础

#### （一）精细加工的含义与作用

精细加工策略（Elaborative Strategy，又称精制、精加工或深加工策略），就是通过各种认知操作，建立当前所学内容与原有知识的联系，从而理解新知识的意义，使其成为自身知识的一部分。简言之，精细加工就是让新旧知识融合，而融合就是理解，融合就是产生意义。

应用精加工策略，能有效提高学生的学习效率与质量。加工越细致，理解越深刻，掌握越牢固。擅长使用精加工策略，能提高学习自我效能感，并由此提高学习动机，提高记忆和回忆效果。

以牛吃草来比喻：复述策略相当于反刍，即牛吃草后反复咀嚼；组织策略相当于物理消化和推送，把咀嚼后的食物与自身消化液混合后，送到胃肠等消化器官；精加工策略相当于化学消化和吸收，即消化液把食物分解为细胞可吸收的小分子，并被细胞利用，成为牛身或牛奶的一部分。本书作者产生这样一个比喻的过程本身，就是精加工的一种——类比。

### 二、应对要点

1. 精细加工需要时间：课堂讲授或家庭辅导要留给学生思考时间。课堂留白，耐心等待学生理解。

2. 精细加工需要空间：工作记忆、认知资源是有限的，需要深入加工的内容，需要循序渐进，不可一股脑倒给学生。

3. 精细加工需要努力：在学生意志力资源耗竭前，应给予适当鼓励、激励和协助。

4. 精细加工需要引导：教师本身的精加工过程，就是学生精加工的榜样；科学家对问题的认识过程，也是很好的精加工实例。

### 三、预期收获

√ 掌握精细加工的几个方法。

√ 学习如何将其运用到各学科学习中。

√ 提高学习效率。

### 四、正式练习

#### 练习1. 我的方法大盘点

精细加工的方法有很多种。先对下面几个的概念、含义有所了解，然后根据您对它的常用程度打个分，1为不常用，2为偶尔用，3为常用。

| 方法 | 内容 | 常用程度 |
| --- | --- | --- |
| 分析 | 把事物、概念分解成较简单的组成部分，分别加以考察，找出各自的本质属性及彼此间的联系。 | |
| 综合 | 在分析基础上，把事物的各部分概括为统一的整体。 | |
| 比较 | 把两种或几种同类事物加以对立、差异或对照，以辨别其异同、高下、优劣、先后、差异等各种属性。 | |
| 类比 | 理解一个新事物，使用不同类但有相同或相似特征的熟悉事物，由熟悉推理陌生，由已知推理未知，由明显推理隐晦。 | |
| 分类 | 依据事物的性质、特点划分类别。 | |

续表

| 方法 | 内容 | 常用程度 |
|---|---|---|
| 抽象 | 从众多的具体事物中，抽取共同的、本质的属性，舍弃个别的、非本质的属性，从而形成概念。 | |
| 概括 | 在比较和抽象的基础上，把事物的共同的本质特征综合起来，并推广到同类事物上去的过程。 | |
| 扩展 | 扩大知识或思维范围。 | |
| 引申或推论 | 由一个意义推引出相关的其他意义，或将已有的知识延伸、应用到其他领域。 | |
| 位置记忆法 | 通过与您熟悉的某种地点顺序相联系来记忆一些名称或者客体顺序的方法。常常可在身体上、房间里确定出许多特定的点来加以利用。一般用以记忆顺序。 | |
| 谐音联想法 | 学习一种新材料时，运用语音联想，假借意义，将无意义材料转变成有意义材料的一种精细加工策略。 | |
| 关键词法 | 将新词或概念与相似的声音线索词，通过视觉表象联系起来。一般用于外语学习，先选择一个发音与外语生词类似的母语词（最好是具体名词），然后利用表象或一个句子将外语词的意义与母语词联系起来，以帮助记忆外语单词。 | |
| 视觉联想法 | 通过形成心理想象来帮助人们对联想的记忆。比如可以用夸张、动态、奇异的手段进行联想。联想越丰富，记忆越牢固。 | |
| 联想归类法 | 联想的方向包括：层级（如包含、从属、嵌套等）、相同（同音、同形等）、相似、相反（反义、反向等）、组合、多义等。 | |

## 练习 2. 谐音记忆法

谐音法是根据记忆对象的声音编成另一句声音相似的话，来帮助记忆。谐音可以使无意义的材料变为有意义的材料，帮助人们进行理解记忆。谐音可以使枯燥无味的材料（尤其是数字）变为生动有趣的材料，使人愉快地进行记忆。

原理是让无意义变得有意义。下表是几个例子。

| 学科类别 | 谐音法 |
| --- | --- |
| 数字类 | 1.41421 可记为"意思意思而已"。<br>1.73205 可记为"一妻三儿空舞"。 |
| 英语类 | gas 煤气，音"该死"→煤气能害死人是"该死"<br>lobster 龙虾，lobster 音"老不死的"→老不死的弯腰驼背像个大龙虾 |
| 历史类 | 李渊 618 年建立唐朝，可记为"李渊见糖（建唐）搂一把（618）"。 |
| 化学类 | 气体的摩尔体积 22.4 升 / 摩，可记为"二二得四"。 |

相信聪明的您经过以上的介绍，对谐音记忆法已经掌握了吧？

下面，开始练习试试吧！

| 练习题目 | 我的答案 |
| --- | --- |
| 中日甲午战争爆发于 1894 年 | |
| 中日《马关条约》1895 年签订 | |
| 1900 年 8 月 14 日，八国联军进北京 | |
| shudder 发抖，战栗 | |
| quaff 痛饮，畅饮 | |
| 拉丁美洲的国家有洪都拉斯、巴拿马、哥斯达黎加、尼加拉瓜、萨尔瓦多、瓜地马拉（现译危地马拉） | |
| 电功的公式 W = UIt | |

自己练习完，不妨和同学们分享下，下次您会更熟练。

### 练习 3. 视觉联想法

在这个练习中，您将会对如何将无意义的知识变得有意义进行反复练习。先来看一个最简单的例子，看看用人为联想法怎么记住"飞机、大树、信封、耳环"四个词。把这些词语在头脑中回忆一下他们的形象,然后通过视觉和听觉联想法进行记忆(调动多个感官通道,加工程度更深,记忆效果更好)。比如想象:一架银白色飞机,撞到一棵大树上,树上的叶子都是信封,信封就用耳环挂着……

注意:联想时,形象越鲜明、情节越奇特、相互越牵连、越不可思议,印象就越深刻。

下面,尝试一下这个方法,请记住下面一些词语:

小刀、衬衣、汽车、叉子、船、裤子、短袜、卡车、勺子、盘子。

请把您编的故事写在下面,和同学们分享吧:

您还可以自编几个这种练习,和同学们互相练习。

## 练习 4. 关键词法

关键词法,就是在记忆或理解较长的材料时,通过找到关键词,提取核心内容,提高学习效率。关键词需要具备下面两个条件:

1. 看到关键词能够回想起全部的内容。

2. 看到关键词能够产生生动的图像。

关键词练习可从易到难来训练。请选择一篇需要理解的阅读材料(比如一篇即将学习的语文文章,或其他课本中的一个章节),先以描述同一的一个或几个句子为单位,找出其关键词,记在下表中;然后再为各个段落找出关键词,记在下表中;最后为整篇材料选择 3 到 5 个关键词,记在下表中（可根据材料情况绘制表格，以下仅为示例）。

| | 句子级的关键词 | 自然段关键词 | 层次关键词 | 篇级关键词 |
|---|---|---|---|---|
| 段落1 | 关键词1、关键词2…… | 关键词1 | 关键词1 | 关键词1 |
| 段落2 | | | | |
| 段落3 | | | | |
| 段落4 | | | 关键词1 | |
| 段落5 | | | | |
| 段落6 | | | | |

回顾一下，您对关键词有生动的图像吗？为了便于绘图，您还可以把上面这些关键词绘制成思维导图，关键词就可以和简笔画同时呈现了。

### 练习5. 意义生成法

意义生成法，就是主动把握材料的内在意义，生成对材料的个人理解。大多数学习材料，都是已有现成的内在意义，需要学生尽快抓住字面意义背后的深层含义，把握材料各部分间的内在联系，形成对材料意欲传达的思想的个人理解。这种方法也叫内在联系法，或生成策略。

意义生成法是各种方法的综合使用。下面，请在课本或试题册中，找一段尚未学习过的阅读材料，按下述步骤来做个尝试。

1.重点词句：快速摘录或勾画关键词，反问自己为什么勾画这些词，为什么忽略或删除其他细节或重复；

2.题要和标题：使用文中的句子，或用自己的语言，概括每个自然段或层次的主要内容；

3.层次结构：勾勒整篇材料的结构；

4.自问自答：根据教学目的或考试题目要求，调动自己的知识储备，回答问题；

5.反思提高：根据参考答案，或同学间相互参照，反思前四个环节中是否可以有所改进。请把您的反思填写在下面：

## 五、成长盘点

回头浏览一下：在前面的练习中，您都学到了什么？觉得哪个方法适合自己？请填写在下面（不是考试，没有对错，只需说明您个人的收获）。

（一）最佳练习

在前面这几个练习中，哪一个练习对您来说最有用：＿＿＿＿＿＿

（二）收获盘点

您从这个最佳练习中学会了什么？列出2—3种：

1.＿＿＿＿＿＿＿＿＿＿＿＿＿＿＿＿＿＿＿＿＿＿＿＿＿＿＿

2.＿＿＿＿＿＿＿＿＿＿＿＿＿＿＿＿＿＿＿＿＿＿＿＿＿＿＿

3.＿＿＿＿＿＿＿＿＿＿＿＿＿＿＿＿＿＿＿＿＿＿＿＿＿＿＿

## （三）应用计划

在本周练习的下列项目中，从今天开始，您打算怎么"应用"？

| 项目 | 应用 |
| --- | --- |
| 我的方法大盘点 | |
| 谐音记忆法 | |
| 视觉记忆法 | |
| 关键词法 | |
| 意义生成法 | |

## （四）效果评价

请在最符合自己的数字上画圈。

| | 完全不同意 | 不同意 | 不一定 | 同意 | 完全同意 |
| --- | --- | --- | --- | --- | --- |
| 1.我已经从这些训练中受益。 | 1 | 2 | 3 | 4 | 5 |
| 2.我相信我有能力运用这些技术。 | 1 | 2 | 3 | 4 | 5 |
| 3.我相信这些技术将来还会有助于我的学习。 | 1 | 2 | 3 | 4 | 5 |

## 六、达标签署

恭喜您已经完成了本书中关于精细加工的所有练习。

为了确认您的收获，我们需要有一份正式签署。

### （一）要点回顾

签署之前，可以再回顾一下精细加工的方法：

1.我的方法大盘点。

2. 谐音记忆法。

3. 视觉记忆法。

4. 关键词法。

5. 意义生成法。

（二）学生签署

我保证关于精细加工策略的所有练习都已用心完成。

学生签名：_____ 日期：_____

（三）监督者签署

我保证这个学生已经用心完成了关于精细加工策略的所有练习。

监督者签名：_____日期：_____

（老师、顾问、父母均可）

## 维度 15　批判思维

### 一、理论基础

批判思维（critical thinking）是建立在自我反思基础上，使用新的更上位的评估标准，对事物的价值和真实性进行判断和思考。有批判性思维的人善于提出问题、分析问题、寻找解答方法，形成自己的独立见解。

没有批判性思维的人，会任凭各种诱惑摆布，轻易受情绪、思维定式、偏见等干扰。表现通常是思维混乱、模糊、无逻辑，而且容易在没有证据的时候匆匆得出结论，经常依赖于直觉，让刻板印象主导我们的思考，形成错误的信念；立场先行，以既定视角来观察整个世界，忽视和抨击那些与我们相悖的观点，编造一些谎言和虚假的讹传，进行一些与真实经验不符的思考。

很多人常常会因为这些思维惯性，给人贴标签，先入为主，用有色眼镜看人，甚至容易被人用情绪煽动，参与暴力。久而久之，我们会变得越来越思维固化，甚至头脑简单，被掌握话语权的人玩弄于股掌之中而不自知。在学习上，缺乏批判思维，也会因缺乏独立思想，无法筛选有价值的知识，沦为他人建构的知识的奴隶，学习将变得缺乏价值感，最终失去学习动力。

### 二、应对要点

1.排除个人偏好影响，思考时，应尽量排除个人和亲友的影响，甚至排除个人和团体利益的影响。

2. 努力发现自己的无知，大多数人都喜欢自以为是，其实并不清楚，批判思维的首要对象是自己的思维习惯。

3. 敢于挑战大众信念，从众心理是影响批判思维发展的障碍。

4. 换位思考，用同样的标准评判他人和自己，克服人天性中强烈的自我中心倾向，避免为不合理的思维和行为辩解，使之合理化。

## 三、预期收获

- ✓ 认识批判思维的重要性。
- ✓ 觉察自身的批判思维。
- ✓ 培养自己的批判思维。
- ✓ 应用批判思维提高学习效果。

## 四、正式练习

### 练习 1. 独立思考

在形成观点的过程中，批判性思考者不是被动地接受他人的观点，而是自己积极主动地对环境和事件进行思考，使用合理的标准进行思考，不盲目地接受他人的准则。

您是否容易被他人影响、盲目从众？您可能意识不到，但回想一下，您周围有没有这种随波逐流、盲目跟风、缺乏独立思想的行为，请列举几条，分析他/她行为的不合理性，然后反观自身。

| 观察到的他人缺乏独立思考 | 不合理性 | 自身的例子 |
| --- | --- | --- |
| 举例：朋友看到同桌买了一双新的篮球鞋，听说是明星同款，好看又舒服，他也…… | 1. 每个人适合不同版型的鞋子。2. 这双鞋的价格不适合我家的经济情况。 | |

续表

| 观察到的他人缺乏<br>独立思考 | 不合理性 | 自身的例子 |
|---|---|---|
|  |  |  |
|  |  |  |
|  |  |  |
|  |  |  |

独立思考会让您的思想越来越有深度。日常学习、生活中，您会提醒自己吗？

### 练习 2. 跳出思维定式

您是否容易陷入思维定式？您可能已经练习过打破思维定式的训练了，没关系，这个练习值得经常做，您会发现您的思路会越来越广。

接下来的个人版"头脑风暴"帮您跳出"画地为牢"的怪圈。请您尽可能多的写出一些常见物品的新颖用途。

| 常见物品 | 新颖用途 |
|---|---|
| 举例：砖头 | 防身、在地上写字、当哑铃锻炼、吸水、做家具垫脚 |
|  |  |
|  |  |

## 练习 3. 告别思维定式

刚才的练习有没有让您对思维定式有一些新的认识？通过下面的练习测一测吧。一定要先自己尝试做完再看答案哦。

1. 一起过桥

一个漆黑的夜晚，有 4 个人要过一座只能承受两个人重量的桥，而且过桥必须借助手电筒，现在手电筒只有一个。这四个人过桥的最快速度分别是 1 分钟、2 分钟、5 分钟和 10 分钟，他们全部都通过这座桥至少要多少时间。

2. 九点矩阵

只用 4 条直线，一笔画出 4 条连续的直线，把图中 9 个点连接起来。

3. 不松手打结

两个手拿着一根绳，如何让这个绳在手不松开的情况下打出一个结。

参考答案：

1. 3 分钟：1 分钟和 5 分钟在桥的一边，2 分钟和 10 分钟在桥的另一边，然后快的那个背着慢的那个走，即 1+2=3。

2. 如下图：

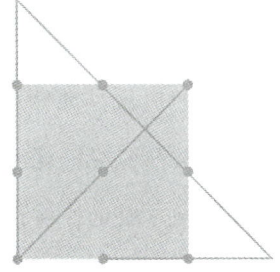

3. 双手抱出一个结，把手打开绳子就打结了。

## 练习 4. 学会提问

锻炼批判性思维要从提问开始。会提问且懂得提问是批判性思维的启蒙。

提问也是有模式和方法的，"6问法"就是一套很好用的提问模式。

1.Who，谁说的。

说话的人是谁，是名人、权威专家、熟人、亲人……他的话重要吗？

2.What，说了什么。

他说了什么，他说的是事实还是观点，事实是可以被证实的，而观点是表达情感、信念，是不需要证实的。

3.Where，在哪儿说的。

说这话的时候他是在哪里说的，是公共场合，还是私底下。

4.When，什么时候说的。

是事前说的，还是事中说的，或者是事后说的。一般事前说的最有可信度，事后说的一般是推卸责任。

5.Why，为什么说这话。

说话的人，说这话的目的是什么，他说的话有依据吗？他是为了美化或丑化一些人或一些事吗？

6.How，他怎么说的。

他说的时候是开心、悲伤、气愤、真心……是口头说还是书面表达？

举例：比如一位医学博士说，免疫治疗加靶向治疗的效果比传统的化疗效果好。因为他是医学博士，而且还是研究肿瘤方面的专家，所以可信度比普通的医生高。他说这话的时候，说的是事实还是观点呢？它的依据是什么？有数据支撑吗？是实验研究呢？还是猜想？他说这话是在哪里说的？是发表在权威杂志还是私底下说的？有没有人对此提出不同的想法？他又是如何反驳如何证明的？他是在什么时候说的？在做研究前还是研后？是在做完研究后还是凭经验总结后说出的话？他说的时候是口头说还是书写成论文发表的？发表了就可靠吗？

尝试使用这样的提问方式反思一个您最近遇到的问题：

___

___

## 练习 5. 尝试融会贯通

学习的过程中，您是否永远止步于问题的固有答案？能否有意识地将学科间的知识进行融合？下面的练习也许能够帮助您获得新的思考。

学习材料：萤火虫为什么会发光？因为它体内有荧光素和荧光素酶，两种物质在水中混合，经过化学反应，能够发出不产生热量的生物冷光。

情景：采煤时需要照明，普通照明灯会发出热光，会产生较大的热量。而煤

层中充满瓦斯气体，瓦斯气体遇热很容易爆炸，所以经常有煤矿因照明问题而导致瓦斯爆炸。

问题：如何使煤矿中的照明灯不易导致瓦斯爆炸？

___

**参考答案：**

照明灯使瓦斯爆炸，关键是它发光时产生了较大的热量。站在对立面思考"如何使灯能够发光而且不产生较大的热量"。需要使用"冷光"，萤火虫产生冷光，可使用荧光灯照明。

您还能想到哪些类似的应用？请写下来。

___

### 五、成长盘点

回头浏览一下：在前面 5 个练习中，您都写了什么？您学到了什么？有什么有用的发现？请填写在下面（不是考试，没有对错，只需说明您个人的收获）。

#### （一）最佳练习

在前面这 5 个练习中，哪一个练习对您来说最有用：_____

#### （二）收获盘点

您从这个最佳练习中学会了什么？列出 2—3 种：

1. _____

2. _____

3. _____

#### （三）应用计划

在本周练习的下列项目中，从今天开始，您打算怎么"应用"？

| 项目 | 应用 |
| --- | --- |
|  |  |
|  |  |
|  |  |
|  |  |
|  |  |

#### （四）效果评价

请在最符合自己的数字上画圈。

| | 完全不同意 | 不同意 | 不一定 | 同意 | 完全同意 |
| --- | --- | --- | --- | --- | --- |
| 1. 我已经从这些训练中受益。 | 1 | 2 | 3 | 4 | 5 |

续表

|  | 完全不同意 | 不同意 | 不一定 | 同意 | 完全同意 |
| --- | --- | --- | --- | --- | --- |
| 2. 我相信我有能力运用这些技术。 | 1 | 2 | 3 | 4 | 5 |
| 3. 我相信这些技术将来还会有助于我的学习。 | 1 | 2 | 3 | 4 | 5 |

## 六、达标签署

恭喜您已经完成了本书中培养批判性思维的所有练习。

为了确认您的收获，我们需要有一份正式签署。

### （一）要点回顾

签署之前，可以再回顾一下培养批判性思维的要点：

1. 平等地对待每一种观点。

2. 努力发现自己的无知。

3. 敢于挑战大众信念。

4. 换位思考。

5. 用同样的标准评判他人和自己。

6. 重视证据和推理。

7. 重视思考的独立性。

### （二）学生签署

我保证关于批判性思维的所有练习都已用心完成。

学生签名：_____日期：_____

### （三）监督者签署

我保证这个学生已经用心完成了关于批判性思维的所有练习。

监督者签名：_____日期：_____

（老师、顾问、父母均可）

# 第六章　资源管理策略

**资**源管理策略，就是个体知道何时、何地、如何管理自身的精力资源，或寻求外部资源支持，这也是具有自主学习能力的表现。自主学习能力强的人，善于利用各种资源，比如请他人帮自己克服学习困难；快速获得物质性资源，如学习场所、图书资料、学习用具、互联网等；主动选择或营造舒适、安静的学习场所；管理好自身的注意力等。本章分为三个维度：求助策略、时间管理策略和专注沉浸（即内部资源管理策略），但在测评中，求助策略和时间管理策略也可合并为外部资源管理策略。

### 维度16　求助策略
练习1.我的求助态度
练习2.我的求助行为
练习3.我的人际关系圈
练习4.我的取经路
练习5.求助反思

### 维度17　时间管理
练习1.时间都去哪了
练习2.时间用得怎么样
练习3.时间统筹利用
练习4.充分利用零碎时间
练习5.周时间表

### 维度18　专注沉浸
练习1.我的注意力水平
练习2.舒尔特方格注意训练
练习3.设定实操目标
练习4.觉察识别分心物
练习5.正念专注练习

## 维度 16　求助策略

### 一、理论基础

#### （一）求助策略的含义与作用

求助策略，即寻求帮助（help seeking），就是在遇到学习困难时，知道何时、何地、如何寻求他人的学业帮助。[1] 求助策略是获取知识、增长能力的有效途径，善于求助是提高学习效率的保障。

Nelson 把学业求助分为执行性和工具性两大类。执行性求助就是直接让别人"替"自己解决问题，别人是执行者；工具性求助是让别人"帮"自己解决问题，别人只是辅助。也有人把不采取求助策略的情况称为回避求助。

#### （二）求助策略的发展与影响因素

在小学阶段，随着年级的升高，工具性求助行为呈下降趋势；而执行性求助和回避求助行为却呈上升趋势。[2] 这种现象到初中仍在延续，农村初中尤为严重。出现这种情况，与学生课业负担过重、自尊需要增长、能力观逐渐固化、元认知能力和学习动力不足、交往能力缺乏、同伴关系和师生关系不良等均有关联。求助过程：发现问题→决定求助→选择对象→取得帮助→效果评价。哪一个环节出现问题，都会影响求助的效果。

---

[1]　田澜,张大均.学习策略教学的有效性：内涵与实施[J].中国教育学刊,2010(09):36-38.
[2]　赵美琪.小学生学业求助调查研究[D/OL].内蒙古师范大学,2016[2021-01-01].

## 二、应对要点

1. 摆正观念。求助不是示弱,而是格局更大;求助不是无能,而是善用资源,是更重要的一种能力。

2. 厘清资本。画一个多层的人际关系圈,按能为自己提供帮助的能力和意愿填入各层。

3. 平衡利弊。求助未必都是最好的选择,需要在自助还是求助之间把握平衡。平衡要考虑学习的效果和效率。

4. 有所准备。草率的求助换来的很可能是草率的帮助,要注意:选好问题;选好环境;礼貌感恩。

5. 事后反思。求助后一定要留出时间去反思自己的问题是否得到了解决,解决到了什么程度,还需要如何深入,思考自己求助成功或者失败的原因。

## 三、预期收获

✓ 明白自己对求助的态度,树立正确的观念。

✓ 选择有利于自己进步的求助方式。

✓ 厘清自己可以求助的对象。

✓ 清楚求助的步骤与方法。

## 四、正式练习

### 练习 1. 我的求助态度

学业求助是常有的事情,您内心对学业求助的想法决定了您是否采取正确的求助方式。您心中对学业求助是怎样的态度呢?下面有两种态度,看看您在哪种态度中的得分高。

当您遇到数学问题时,哪个人是您?每个题目只有"是"或"否"两个答案,"是"的就计为1分。

| A | B |
| --- | --- |
| 1. 向老师请教的过程中，我加深了对问题的理解。 | 1. 当我在数学课上问问题时，我感到很难为情。 |
| 2. 遇到不懂的问题向同学请教，可以提高我的数学成绩。 | 2. 如果我需要特别的帮助才能完成数学作业，同学们会认为我很笨。 |
| 3. 向老师请教，可以帮我搞清楚以前不会的问题。 | 3. 如果我总是问数学问题，老师会讨厌我。 |
| 4. 常常就数学问题向同学发问，让我感到数学非常有趣。 | 4. 如果我需要帮助才能完成数学作业，老师会轻视我。 |
| 5. 当我做错了数学题时，向老师请教可以帮助我了解自己错在什么地方。 | 5. 如果我问的数学问题全班都知道答案，会遭到大家的嘲笑。 |
| 6. 常常就数学问题向老师发问，让我感到数学非常有趣。 | 6. 如果我做数学题时需要别人的帮助，其他同学会认为我不够聪明。 |
| 7. 遇到不懂的地方，及时向同学请教，有助于我学好数学。 | 7. 我担心我提出的数学问题会遭到老师的嘲笑。 |
| 8. 当我做错了数学题时，向同学请教可以帮助我了解自己错在什么地方。 | 8. 如果我是靠别人帮助做对数学题的，同学们会看不起我。 |
| 9. 遇到不同的问题向老师请教，可以提高我的数学成绩。 | 9. 我想如果我向老师问一些数学问题，老师会认为我很笨。 |
| 10. 遇到自己不会做的数学题，向同学请教可以学会一些解题的技巧和方法。 | |
| 11. 向同学请教，可以帮助我搞清楚以前不会的问题。 | |
| 12. 遇到自己不会做的数学题，向老师请教可以学会一些解题的技巧和方法。 | |
| 13. 遇到不懂的地方，及时向老师请教，有助于我学好数学。 | |
| 14. 在向同学请教的过程中，我加深了对数学问题的理解。 | |
| A 总分 /14 | B 总分 /9 |

如果您的态度如 A 所描述，您更加可能会去求助，如果您的态度更多是 B，您更加可能会逃避求助，请记住，求助是强者的行为，智者都是站在巨人的肩膀上。

### 练习 2. 我的求助行为

在上个练习中，您已经知道自己对学业求助抱有怎样的态度了，您的态度会影响您的求助行为。当您在学习上遇到困难，您会采取哪种方式应对呢？下面的三种选择您更可能选择哪一种呢？每道题都有"是"或"否"两种答案，"是"就计为 1 分。

| A | B | C |
| --- | --- | --- |
| 1. 虽然我自己动脑筋也能做出来数学题，但这样做很麻烦，所以我请别人告诉我怎么做。 | 1. 遇到不会的数学题时，我宁愿随便写一个答案也不会问老师或同学。 | 1. 如果我做不出老师布置的数学题，我会请老师或同学给我一些提示。 |
| 2. 对于数学题，我会不做任何尝试就向别人问正确答案。 | 2. 即使我没听懂数学老师讲授的内容，我也不会举手发问。 | 2. 在做数学题时，如果我不明白题意，我会向老师或同学请教。 |
| 3. 我会请别人替我完成数学作业。 | 3. 即使我做了很长时间也没能做出数学题，那我也不会问老师或同学。 | 3. 当我面对一道数学题而不知从何下手时，我会请老师或同学给我讲讲解题的思路。 |
| 4. 遇到不会的数学题我会照抄别人的。 | 4. 即使我在理解数学知识方面遇到了困难，我也不会问老师或同学。 | 4. 当我怎么也做不出数学题时，我会请老师或同学讲讲解题方法。 |
| | | 5. 当我做错了数学题却又不知道错在什么地方时，我会请老师或同学讲解。 |
| 总分 /4 | 总分 /4 | 总分 /5 |

A 分代表您在学习上遇到难题时经常使用执行性求助策略,这种策略可以让您很快的应付现在的难题,但并不能给您带来真正的成长。

B 分代表您在学习上遇到难题时经常使用回避性求助策略,这种策略让您逃避了学习上的问题,同时也让您避开了成长的机会。

C 分代表您在学习上遇到难题时经常使用工具性求助策略,这种策略虽然解决问题的过程比较慢,却可以让您获得真正的成长,以利于下一次解决问题。

### 练习 3. 我的人际关系圈

当您遇到问题的时候经常向谁求助,他们有能力帮到你吗?他们愿意帮助你吗?现在,请画一个您可求助的人际关系圈,这样您就对您在学习上的社会资源有了更大把握。

1. 下图正中央的小圆点代表您自己。

2. 您的求助资源包括图中四类。

3. 离您的远近,代表曾经帮助过您的多少。

4. 请把每层尽量填满。

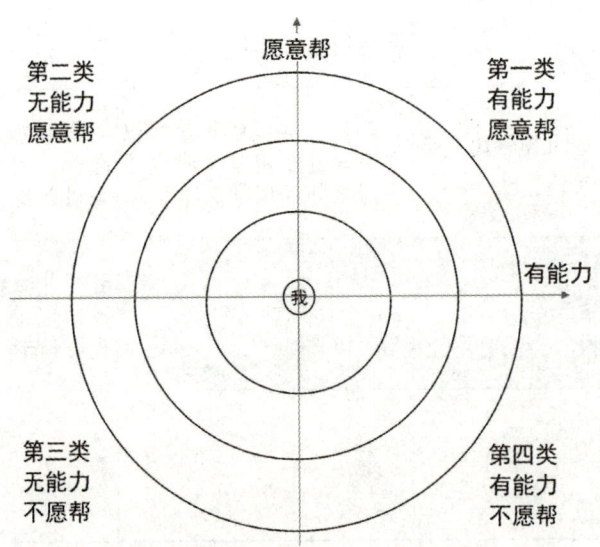

5.请思考,怎样才能获取更多、更有力、更有效的帮助,而不是让自己、让他人徒劳无功?

### 练习 4. 我的取经路

把学生分成 6 人一组,分组轮流表演,其他同学观看、思考。黑板上呈现如下密码短句:Q％￥+@ X。

| 密码 | Q | ％ | ￥ | @ | + | X |
|---|---|---|---|---|---|---|
| 译文 | | | | | | |

指导语:我遇上了一件麻烦事,我们需要翻译出黑板上的符号究竟是什么意思。每个人手上都有一张卡片,我们的目标是找出卡片正面的符号代表的意思。答案在哪呢?答案在所有其他同学手上的卡片的背面。

现在,就要考验我们的"取经"能力了。记住,卡片背面是保密的哦,不要主动告诉任何人你拥有的答案,只需要等待需要的人来找你询问答案。同时,你要想办法问出究竟是谁手里掌握了你的答案,向他请教。

每次交流只能在两个人之间进行,一旦你知道了答案,就把它写在黑板对应的空格里。

#### 卡片呈现内容设置

| | 卡片 1 | 卡片 2 | 卡片 3 | 卡片 4 | 卡片 5 | 卡片 6 |
|---|---|---|---|---|---|---|
| 正面呈现 | @=? | X=? | Q=? | +=? | ％=? | ￥=? |
| 反面呈现 | ％= | Q= | X= | @= | ￥= | += |
| 注:反面呈现的字符等于什么,由老师设计并上课前填写,可以是某一句经典的话等任何内容。 | | | | | | |

1.求助与回应,请按照老师讲授的应对要点来求助或回应。

| 可参考的求助方式 | 可参考的回应方式 |
|---|---|
| 请问，你现在有时间吗？<br>我需要帮助，能麻烦你一下吗？<br>你能帮我看看这一题吗？<br>虽然没解出来，还是很感谢你！ | 没问题，让我看一看。<br>很高兴我能提供帮助。<br>好，咱一起想办法解决它吧。<br>对不起，我现在很忙。<br>你可以问问丽丽？ |

2.留出充足的时间，让学生拿着卡片自由走动，询问答案。找到了答案，就到黑板前，把符号代表的内容写在符号的正下方。直到所有符号都被标注上，引导学生阅读大家一起努力完成的结果。

3.讨论与分享。回顾刚才"取经"过程中发生的故事，邀请学生分享：

你向多少人"取过经"？你们是如何交谈的？你最终是如何获得帮助的？

你是否遭到过拒绝？为什么会遇到拒绝？

如果有学生发现了更有效的求助策略，鼓励他向全班分享。

### 练习 5. 求助反思

请对照所讲的求助"应对要点"，思考如下问题：

1.在您以往的求助经验中，求助的结果更多的是： A 成功　B 失败

因为：

_____

2.对方给您的帮助是否足以解决您的问题？　　A 是　B 否

因为：

_____

3.您大多数求助的对象对您的求助反应一般是？　A 友好　B 不友好

因为：

_____

4.您会将前面求助练习中所获的经验运用到学习中去吗？A 是　B 否

因为：

_____

5. 您计划如何改善您的求助资源？

## 五、成长盘点

回头浏览一下：在前面 5 个练习中，您都写了什么？您学到了什么？有什么有用的发现？请填写在下面（不是考试，没有对错，只需说明您个人的收获）。

（一）最佳练习

在前面这 5 个练习中，哪一个练习对您来说最有用：_____

（二）收获盘点

您从这个最佳练习中学会了什么？列出 2—3 种：

1. _____
2. _____
3. _____

（三）应用计划

在本周练习的下列项目中，从今天开始，您打算怎么"应用"？

| 项目 | 应用 |
| --- | --- |
| 求助态度 | |
| 求助行为 | |
| 人际关系圈 | |
| 取经路 | |
| 求助反思 | |

## （四）效果评价

请在最符合自己的数字上画圈。

|  | 完全不同意 | 不同意 | 不一定 | 同意 | 完全同意 |
| --- | --- | --- | --- | --- | --- |
| 1. 我已经从这些训练中受益。 | 1 | 2 | 3 | 4 | 5 |
| 2. 我相信我有能力运用这些技术。 | 1 | 2 | 3 | 4 | 5 |
| 3. 我相信这些技术将来还会有助于我的学习。 | 1 | 2 | 3 | 4 | 5 |

## 六、达标签署

恭喜您已经完成了本书中求助策略的所有练习。

为了确认您的收获，我们需要有一份正式签署。

### （一）要点回顾

签署之前，可以再回顾一下求助策略的要点：

1. 摆正观念。求助不是示弱，而是格局更大；求助不是无能，而是善用资源，是更重要的一种能力。

2. 厘清资本。画一个多层的人际关系圈，按能为自己提供帮助的能力和意愿填入各层。

3. 平衡利弊。求助未必都是最好的选择，需要在自助还是求助之间把握平衡。平衡要考虑学习的效果和效率。

4. 有所准备。草率的求助换来的很可能是草率的帮助，要注意：（1）选好问题；（2）选好环境；（3）礼貌感恩。

5. 事后反思。求助后一定要留出时间去反思自己的问题是否得到了解决，解决到了什么程度，还需要如何深入，思考自己求助成功或者失败的原因。

（二）学生签署

我保证关于培养成长型思维的所有练习都已用心完成。

学生签名：_____ 日期：_____

（三）监督者签署

我保证这个学生已经用心完成了关于求助策略的所有练习。

监督者签名：_____ 日期：_____

（老师、顾问、父母均可）

# 维度 17　时间管理

## 一、理论基础

### （一）时间管理的含义与作用

时间管理（Time Management），就是对学习时间进行合理的计划和控制、有效安排与运用的管理过程。

时间管理对学业成就的影响比智力更大，因为时间和环境管理为专注学习提供了最基本的外部保障，是高效率学习的基础，甚至对躯体功能、心理功能和社会功能具有显著的预测作用。

擅长利用学习时间的学生，自我价值观、自我效能感、心理健康、生活满意度、心理幸福感、成就动机和学业成绩都更高，在面对应激事件时，更多地采用积极的应对方式，学习和社会适应能力也相应越强，而抑郁、焦虑等消极心理都较低。

### （二）时间管理的发展与影响因素

在幼儿时期，时间管理水平随年龄增长而提高，且女孩高于男孩。[1]

对于超常儿童来说，其时间管理倾向的总体发展水平和不同维度上均显著高于常态儿童。六年级是超常儿童时间管理倾向发展的关键期，初高中缓慢发展。

时间管理能力，如果没有有意训练，是比较稳定的。尤其是时间管理倾向，国内的元分析显示，从初中、高中到大学，学生的时间管理在三个

---

[1] 曾向花. 幼儿时间管理发展现状调查——以广州市为例[J]. 幼儿教育, 2020(12): 38-42.

维度上都不存在显著差异。

从高中到大学，整体上时间价值观和时间效能感呈现下降后又缓慢提高的趋势，而时间监控呈现上升趋势。[1]这可能与高中繁重的学习任务有关。

除了家庭、学校的影响，影响学生时间管理的个人因素：（1）学习动机：想学就会想办法学，就会主动安排时间，即使自身缺乏时间管理策略，也会关注并学习他人的数据管理策略。（2）意志力：数据管理策略不只是做计划，更是执行计划。意志力不够，自控力不强，就无法坚持，因拖延或被干扰而带来的自责、焦虑、恐慌等消极情绪可能会进一步导致时间管理的混乱。（3）元认知能力：缺乏时间上的自我监视，就难以做好时间安排，更难以反思和改善时间管理。（4）时间观念：在学术上称为时间洞察力（time perspective），是一个人对过去、现在、将来的时间的认知、体验和行动倾向的一种人格特质，无论是对过去、现在还是未来的时间洞察力，都是决定个人事业与人生成功的关键因素。[2]人对时间的感知、记忆、推理、想象，对时间价值的理解，对时机的把握和决策等，都存在着能力上的稳定的个体差异。[3]有的人风风火火、争先恐后，做什么总是快人一步，有的人拖拖拉拉、磨磨蹭蹭，做什么总是慢半拍。

## 二、应对要点

1. 分清轻重缓急，抓住重点。

2. 马上行动，杜绝拖延；今日事，今日毕。

3. 必须自我设定时限。

4. 养成快速的节奏感；不要让人浪费您的时间。

5. 为零碎时间安排有意义的事。

[1] 曹华,杨玲,张蕾,等.青少年学生时间管理倾向的发展趋势研究[J].中小学心理健康教育,2019(06): 4-7.
[2] 黄希庭.论时间洞察力[J].心理科学,2004(01): 5-7.
[3] 同上。

## 三、预期收获

✓ 认识自己的时间管理。
✓ 学习更好利用时间的方法。
✓ 学会制作一个周时间表。

## 四、正式练习

### 练习1. 时间都去哪了

认识到自己的一天、一周、一个月、一年……这些时间,都去哪了,是做好时间管理的基础。下面,静下心来,回顾一下昨天一天、此前一周、此前一个月和此前一年时间里,您都做了些什么,先列出来(重复的事情可以合并)。然后,大致估计一下,各自花了多少比例的时间。

| 昨天一天 | | 此前一周 | | 此前一个月 | |
|---|---|---|---|---|---|
| 事务 | 占比% | 事务 | 占比% | 事务 | 占比% |
|  |  |  |  |  |  |
|  |  |  |  |  |  |
|  |  |  |  |  |  |
|  |  |  |  |  |  |
|  |  |  |  |  |  |
|  |  |  |  |  |  |
|  |  |  |  |  |  |
|  |  |  |  |  |  |
|  |  |  |  |  |  |
|  |  |  |  |  |  |
|  |  |  |  |  |  |
| 总数/总和 |  |  |  |  |  |

现在是在校期间,是上面的情况。如果在周末,在假期里,你的时间都去哪了?对那些缺乏管理的时间的觉察,会更加重要。到那个时候,你不妨再来做做这个练习。

### 练习 2. 时间用得怎么样

时间都去哪了?这些时间花得值不值?这是做好时间管理的起步。

下面,静下心来,整理一下前一个练习中一天内的内容,进行两种排序:按照占比排序;按重要性或价值排序。

| 昨天一天(按占比排序) | | 昨天一天(按重要性排序) | |
|---|---|---|---|
| 事务 | 从多到少 | 事务 | 从重要到不重要 |
|  |  |  |  |
|  |  |  |  |
|  |  |  |  |
|  |  |  |  |
|  |  |  |  |
|  |  |  |  |
|  |  |  |  |
|  |  |  |  |
|  |  |  |  |
|  |  |  |  |
| 总数/总和 |  |  |  |

您有什么发现和想法?

您有没有什么计划?

### 练习 3. 时间统筹利用

很多策略可以帮助您更有效地利用您的时间，其中有两个可以帮您更好地利用时间：多重任务统筹利用时间；零碎时间充分利用。要利用好这两点，就需要提前有个计划。先来练习多重任务如何统筹利用时间。

回看上一个练习，您一天中所做的事情有很多，有没有哪些任务可以同时做？比如事先自己录下检测内容，或让父母在您刷碗时提问检测您；在慢跑时，背诵英语词汇；等等。您可以参照下面这个表格来设计您的多重任务统筹利用表。可以尝试设计不同的组合，来统筹利用您的时间。（下表只是示例，请按具体事务绘制。）

| 事务 | 统筹方法 1 | 事务 | 统筹方法 2 |
|---|---|---|---|
|  |  |  |  |
|  |  |  |  |
|  |  |  |  |
|  |  |  |  |
|  |  |  |  |
|  |  |  |  |
|  |  |  |  |
|  |  |  |  |
|  |  |  |  |
|  |  |  |  |

上述不同组合,您可以试一下,哪个效果更好。

### 练习 4. 充分利用零碎时间

零碎时间,就是两件事情之间的空闲时间。如果没有好的计划,有时候这个时间会很多,加起来会让您感到吃惊。

回看练习3,您一天中所做的事情有很多,哪些事情之间没有衔接好?这些情况有些是不得已的,比如等待吃饭、等老师上课……如果您事先准备一些小小的便条,上面可以记下诸如单词、公式、知识点、诗词甚至奇思妙想等各种内容,越简单越好。再有零碎时间时,您就知道该怎么办了。

现在,您就可以尝试做几个小便条(当然,您最好买个便条本),今天就来尝试下零碎时间利用的效果。

### 练习 5. 周时间表

练习1中您看到了自己一周内也要做很多事情,做一个周时间表,会让您一周内的学习效率有所提升。表中要有能够反映您的学习、生活、运动、交友和其他活动的细节。任务的安排必须符合现实,不能太复杂,也不能太简单,只要有可能,就去执行它。如果情况有变化,例如您放弃了一个运动,就要修订这个周时间表。下面是个样表,您可以参考和修改。

学习周时间表

| | 周一 | 周二 | 周三 | 周四 | 周五 | 周六 | 周日 |
|---|---|---|---|---|---|---|---|
| 上学前 | | | | | | | |
| 在学校 | （参考每周学校时间表） | | | | | | |
| 晚餐前 | | | | | | | |
| 晚餐后 | | | | | | | |

完成这张表，您有什么感受？

---

## 五、成长盘点

看一看您在最近的 5 个练习中都写了什么。想一想您学到了什么、有什么有用的发现。

现在请回答下列问题。请记住，答案没有正确和错误之分，只需要写下最适合您的回答。

（一）最佳练习

下面请填写：在前面这 5 个练习中，哪一个对您来说最有用？

练习编号：＿＿＿＿＿＿

## （二）收获盘点

列出至少2件（试着写3件）这个练习教会您的、您认为最有用的事情。

1._____

2._____

3._____

## （三）应用计划

下表是这周练习的3条信息。针对每一条信息，请写出一个您会使用的详细方法（例子："我会认真且诚实地思考何时、何地、和谁在一起我会学得最好"）。

| 信息 | 我怎么应用 |
| --- | --- |
| 识别您的理想学习条件 | |
| 看一看您能更好利用时间的方法 | |
| 发展周时间表 | |

## （四）效果评价

请在最符合自己的数字上画圈。

| | 完全不同意 | 不同意 | 不一定 | 同意 | 完全同意 |
| --- | --- | --- | --- | --- | --- |
| 1. 我已经从这些训练中受益。 | 1 | 2 | 3 | 4 | 5 |
| 2. 我相信我有能力运用这些技术。 | 1 | 2 | 3 | 4 | 5 |
| 3. 我相信这些技术将来还会有助于我的学习。 | 1 | 2 | 3 | 4 | 5 |

## 六、达标签署

恭喜您已经完成了本书中时间管理的所有练习。

为了确认您的收获,我们需要有一份正式签署。

(一)要点回顾

在签署之前,再看一眼时间管理的一般规则:

1. 分清轻重缓急,抓住重点。

2. 马上行动,杜绝拖延;今日事,今日毕。

3. 必须自我设定时限。

4. 养成快速的节奏感;不要让人浪费您的时间。

5. 为零碎时间安排有意义的事。

(二)学生签署

我保证关于时间管理的所有练习都已完成。

学生签名:_____日期:_____

(三)监督者签署

我保证这个学生已经完成了关于时间管理的所有练习。

监督者签名:_____日期:_____

(老师、顾问、父母均可)

# 维度 18 专注沉浸

## 一、理论基础

### （一）专注沉浸的含义与作用

专注沉浸（concentration），这里是指对某一学习任务高度集中且稳定持久的注意。注意是人的心理活动对一定对象的指向和集中，是学生学习的最基本心理状态，是观察、记忆、想象、思维的重要条件，也是学业成绩的决定性因素。

### （二）专注沉浸的发展与影响因素

注意力随年龄增长呈不断发展的趋势，9—12 岁是注意力发展较快的时期。[1] 具体来说，注意广度不断扩大（在 0.1 秒内闪现的物体，小学生能看到 2—3 个，初中 4—5 个，高中可达到成人水平的 4—6 个），稳定性不断增强（从 5 岁的 15 分钟，到 12 岁的 30 分钟），目的性不断提高（小学低年级以无意注意为主，中年级开始有意注意，高年级到初中仍受无意注意影响，高中生以有意注意为主），分配能力不断发展（小学生难以兼顾两个对象，初中生偶有顾此失彼，高中生可较好兼顾），但转移能力发展较慢（到高中才较快发展）。[2]

即使排除器质性或遗传因素所致注意力缺陷，学生专注力不足的原因也是非常复杂，一般来说可包括如下层面的各种因素及其相互的交织影响：

---

[1] 王称丽，贺雯，莫琼琼. 7—15 岁学生注意力发展特点及其与学业成绩的关系 [J]. 上海教育科研, 2012(12): 51-54.
[2] 简晓艺. 青少年注意发展研究综述 [J]. 计算机产品与流通, 2018(12): 271-272.

（1）社会：如流行的价值观、读书无用观念、课程内容或形式的设计与学生需求无关、缺乏人性化或遭到学生排斥等。

（2）学校：软环境（如师生关系、同伴关系等）不良、杂乱无章的学习环境、教师教学方式不良等；学校的环境，校园噪声 50 dB（A）就可以对大学生注意力产生影响，80 dB（A）以上影响明显。[1]

（3）家庭：有注意力问题的学生一般家庭环境凌乱、嘈杂，注意力很容易被随意吸引到学习之外。家长不恰当的教育方式，也会影响学生注意力维持。分娩方式中，相对于顺产，剖宫产对 2 岁幼儿注意力有显著不良影响。

（4）网络：网络环境越来越便捷，但质量良莠不齐，诱惑无处不在，儿童缺乏辨别和自控能力，极易被无关甚至有害信息干扰，甚至沉迷其中。

（5）个人：长期学习压力累积、学习兴趣下降、快乐感丧失、负性情绪叠加得不到及时的宣泄及学习动机模糊等。

## 二、应对要点

1. 选择某个有效能，有意义的专注目标。

2. 尽可能清除外在的和内在的分心物。

3. 专注于选定的目标。

4. 不断地将注意力拉回到这个专注目标。

## 三、预期收获

√ 了解自己的注意力水平。

√ 认识注意力是会经常游离的，最主要的是设定目标。

√ 觉察并学着应对不同的分心物。

√ 启动专注模式 - 番茄钟工作法。

---

[1] 阳静, 刘本燕, 凌莉, 等. 噪声对大学生注意力的影响 [J]. 环境与职业医学, 2014, 31(02): 119-121+125.

✓ 学会使用专注训练的四个步骤。

## 四、正式练习

### 练习 1. 我的注意力水平

您的注意力水平是怎样的,下面我们一起做一个测验。首先您需要准备一个计时器、一张纸和一支笔,然后将计时器设定为 7 分钟,当开始计时,您快速地从 1 写到 300,中间不能隔数字也不能错。

测验要求:(1)能看出所写的字,不至于过分潦草;(2)写错了不许改,也不许做标记,接着写下去;(3)到规定时间,如写不完必须停笔。

_____

_____

_____

_____

_____

_____

_____

结果评定:第一次差错出现在 100 以前为注意力较差;在 101—180 间为注意力一般;在 181—240 间是注意力较好的;超过 240 出差错或完全对是注意力优秀。总的差错在 7 个以上为较差;错 4—7 个为一般;错 2—3 个为较好;只错一个为优秀。如果差错在 100 以前就出现了,总的差错只有一两次,这种注意力仍是属于较好的。要是到 180 后才出现,但错的较多,说明易于集中注意力,但很难维持下去,在规定时间内写不完则说明反应速度慢。

#### 练习 2. 舒尔特方格注意训练

测试说明：舒尔特方格是在一张方形卡片上画上 1cm × 1cm 的 25 个方格，格子内任意填写上阿拉伯数字 1 — 25。训练时，要求被测者用手指按 1 — 25 的顺序依次指出其位置，同时诵读出声，施测者一旁记录所用时间。数完 25 个数字所用时间越短，注意力水平越高。测试者请根据您的最快速度作答！

| 24 | 15 | 25 | 19 | 23 |
|----|----|----|----|----|
| 22 | 8  | 14 | 18 | 21 |
| 10 | 3  | 16 | 4  | 5  |
| 17 | 7  | 2  | 12 | 9  |
| 1  | 11 | 20 | 13 | 6  |

评分标准：数完 25 个数字所用时间越短，注意力水平越高。

5—7 岁年龄组：达到 30 秒以下为优秀，46 秒属于中等水平，班级排名会在中游或偏下，55 秒则问题较大。

7—12 岁年龄组：能达到 20 秒以下为优秀，学习成绩应是名列前茅，36 秒属于中等水平，班级排名会在中游或偏下，45 秒则问题较大，考试会出现不及格现象。

12—17 岁年龄组：能达到 16 秒以下为优秀，学习成绩应是名列前茅，26 秒属于中等水平，班级排名会在中游或偏下，36 秒则问题较大，考试会出现不及格现象。

18 岁及以上年龄组：最好可达到 8 秒的水平，20 秒为中等水平。

#### 练习 3. 设定实操目标

实操目标（implementation intention）是指您希望完成的目标及如何完成而制订的非常详细的计划。最佳的计划包括时间、地点及迈向目标的具体行动。这个目标不一定很精确，但一定要足够具体，它首先应该是对您来说很重要、很在意的，其次这个目标是有一定的难度的。

您可以尝试设定一下自己的实操目标，首先写出自己最近有难度且对您很重要的几个目标，然后对照一下，看属于实操目标还是模糊目标，如果是模糊目标的话，将其转化为实操目标。

### 我的目标设定

| 模糊目标 | 实操目标 |
| --- | --- |
| 例1：减肥 | 每天晚饭前要走够8000步，每顿吃七分饱。 |
| 例2：早睡早起 | 每天晚上10:30停止一切活动准备睡觉，早上7:00起床。 |
|  |  |
|  |  |
|  |  |
|  |  |
|  |  |
|  |  |

### 练习4. 觉察识别分心物

将我们注意力带走的事情有哪些，根据它是否可控以及是否有趣将其填入下面的四个象限中。

|  | 令人讨厌的 | 有趣的 |
| --- | --- | --- |
| 不可控的 |  |  |
| 可控的 |  |  |

对于不同的分心物我们需要采取不同的方式进行处理，如下表所示：

|  | 令人讨厌的 | 有趣的 |
| --- | --- | --- |
| 不可控的 | 处理后尽快回到目标上来 | 享受它 |
| 可控的 | 提前应对 |  |

对于可控的分心物，当我们想到时，可以将其放入待办清单中，安排一个合适的时间进行处理，如果很紧急，我们可以等待这个番茄钟完成后，在休息时或者下一个番茄钟时进行处理。

### 练习5. 正念专注练习

真正的专注不意味着不走神，而是当您意识到走神时再回到您的目标上来。

其基本步骤如下图所示：

选择目标。就是明确您此时此刻要完成的任务，这个任务最好是您蹦一蹦能够到且对您来说有重要意义的目标。

排除分心物。在开始任务之前首先预设可能会出现的干扰情况，提前进行处理，如尽量让自己学习的环境是安静干净的，将手机玩具等可能会让您分心物品尽量放到父母那里或者另一个房间里。

专注选定目标。之后可以设定一个时间或者给自己一个暗示说，现在开始学习了，让自己进入学习状态。

不断将注意力拉回。在此过程中如果遇到不可控的外部干扰或者走神，必须处理的先去处理，之后再回来，如果不很着急可以先写在自己的任务清单上，将自己的注意力拉回到任务就可以了。

下面先进行冥想练习。

首先尽量让身体放松，将右手放在您的肚子上，吸气时您能感觉肚子跟气球一样鼓起来，呼气时感觉肚子跟气球一样瘪下去，意识只专注于您的呼吸，如果中间发现自己走神了，不要去评判自己，重新将您的注意力拉回到呼吸上就好了，这样坚持三分钟！

这个练习可以经常做，你会逐渐提高自己的注意力控制能力。等你能较好控制自己的注意力之后，你要进一步把这种注意力控制能力应用到日常学习活动中，这是让它促进你学习的关键。

### 五、成长盘点

回头浏览一下：在前面5个练习中，您都写了什么？您学到了什么？有什么有用的发现？请填写在下面（不是考试，没有对错，只需说明您个人的收获）。

#### （一）最佳练习

在前面这5个练习中，哪一个练习对您来说最有用：_____

#### （二）收获盘点

您从这个最佳练习中学会了什么？列出2—3种：

1._____
2._____
3._____

#### （三）应用计划

在本周练习的下列项目中，从今天开始，您打算怎么"应用"？

| 项目 | 应用 |
| --- | --- |
| 我的注意力水平 | |
| 舒尔特方格注意训练 | |
| 设定实操目标 | |
| 觉察识别分心物 | |
| 正念专注练习 | |

## （四）效果评价

| | 请在最符合自己的数字上画圈 | | | | |
|---|---|---|---|---|---|
| | 完全<br>不同意 | 不同意 | 不一定 | 同意 | 完全同意 |
| 1. 我已经从这些训练中受益。 | 1 | 2 | 3 | 4 | 5 |
| 2. 我相信我有能力运用这些技术。 | 1 | 2 | 3 | 4 | 5 |
| 3. 我相信这些技术将来还会有助于我的学习。 | 1 | 2 | 3 | 4 | 5 |

## 六、达标签署

恭喜您已经完成了本书中增强自我监视的所有练习。

为了确认您的收获，我们需要有一份正式签署。

### （一）要点回顾

签署之前，可以再回顾一下专注沉浸的要点：

1. 选择某个有效能，有意义的专注目标；

2. 尽可能清除外在的和内在的分心物；

3. 专注于选定的目标；

4. 不断地将注意力拉回到这个专注目标。

### （二）学生签署

我保证关于专注沉浸的所有练习都已用心完成。

学生签名：_____ 日期：_____

### （三）监督者签署

我保证这个学生已经用心完成了关于专注沉浸的所有练习。

监督者签名：_____ 日期：_____

（老师、顾问、父母均可）

# 第七章 元认知策略

元认知（metacognition）就是对自身认知活动状况的认知，这一概念由美国斯坦福大学心理学家 Flavel 提出[1]，现已被广泛视为影响学习的关键因素。一般认为，元认知是最高级的认知活动，是提高思维能力的关键，也是学霸和成绩不佳者的最重要区别。元认知以自我监视为基础，通过计划策略推动学习任务，并通过反思改进实现学习活动的自我调节。元认知训练能提高推理能力、问题解决能力，并由此提高学习成绩，还能在一定程度上改善学习情绪，并产生更强的学习动机。

## 维度19 计划策略
练习1. 制定学习目标
练习2. 精准把握时间
练习3. 找出时间陷阱
练习4. 重要级排序
练习5. 二八原则

## 维度20 反思改进
练习1. 成绩归因
练习2. 归因方式的影响
练习3. 调整归因
练习4. 明确错误类型
练习5. 针对性改进

## 维度21 自我监视
练习1. 自我记录法
练习2. 自我提问法
练习3. 互相提问法
练习4. 检查策略
练习5. 写学习日记

---

[1] FLAVELL J H. Metacognition and cognitive monitoring: A new area of cognitive-developmental inquiry[J]. American Psychologist, 1979, 34(10): 906-911.

## 维度 19　计划策略

### 一、理论基础

有备无患，凡事预则立，不预则废。

#### （一）计划策略的含义与作用

计划策略（planning strategy）就是根据自己的学习目标对学习内容、解决方法、时间进程、可用资源等方面做出预先安排并预计学习效果。

如果对功课进行了计划，就会趋向于有掌控感；面临具有挑战性的功课时，就更可能会坚持不懈，并且可以充分利用自己的时间和能力。

计划策略包括确立目标，分析内容（重点、难点），使用方法和策略，预测结果，分配时间、空间和各种资源，评估有效性，拟定步骤等环节。

#### （二）计划策略的发展与影响因素

儿童的计划能力从 10 到 14 岁之间快速发展。

学习者对任务要求的理解，以及选择对应策略满足要求的能力，对计划策略的有效使用起决定性的作用。

### 二、应对要点

1. 计划做什么和怎么做。将任务或者项目划分为几个部分，概述每个部分您需要做什么，并认真思考每个部分如何去做。

2. 理解任务要求。理解考试和任务中要求您做什么。例如，非常清晰地知道关键词（比如：比较、分析、讨论、证明、总结等）的含义。

3. 检查策略。当您在作答时要经常去回看题目，以确保自己符合题目要求，仔细检查您的答案，认真阅读题目，然后再次阅读您的答案。

## 三、预期收获

✓ 学会对任务进行划分和安排。

✓ 逐渐明白考试、项目和任务中常用关键词的含义。

✓ 发展一些帮助您在任务、项目和考试中不跑题的策略。

✓ 学习时分清轻重缓急，提高学习效率。

## 四、正式练习

### 练习 1. 制定学习目标

在开展一项学习活动前，要先制定学习目标所包含的各项指标。例如，在 90 分钟内完成一张英语试卷，正确率达到 90% 以上。在制定学习目标时，需要掌握以下 5 条原则（SMART）：

S：具体（specific），指标不能笼统，要明确清晰。

M：可度量（measurable），指标是数量化或者行为化的。

A：可实现（attainable），在付出努力的情况下可以实现，避免设立过高或过低的目标。

R：相关性（relevant），明白目标对自己的意义和重要性，与自身其他目标有关联。

T：有时限（time-bound），给出明确的时间限制或截止日期。

下面，请分别以您今天、本周和本学期的三项学习任务为例，对照上面的 5 条原则，练习制定您的学习目标。

| 今天目标 | 本周目标 | 本学期目标 |
| --- | --- | --- |
|  |  |  |

自己写完之后，和同学们交流以下，取长补短。这时，您有什么感受：

_____

这个练习不只是为了让您掌握制定目标的 SMART 原则，而是希望您用于日常学习活动。熟练之后，您可以提高您对自己学习活动的掌控感。

### 练习 2. 精准把握时间

能够相对准确地确定自己每天的活动内容及其所需时间，有助于你精确地获得能够用于学习活动的总量，然后根据不同活动类型进行合理分配。

请同学们在下表中对自己一天的学习时间进行记录，记录下每项学习任务原本预计完成的时间及实际使用的时间。

| 学习任务 | 预计完成时间 | 实际使用时间 |
| --- | --- | --- |
|  |  |  |
|  |  |  |
|  |  |  |
|  |  |  |
|  |  |  |
|  |  |  |

### 练习 3. 找出时间陷阱

当您预估完成任务的时间和实际使用的时间之间差异较大时，我们要找出造成差异的原因，从而帮助您更精准地确定自己的学习任务及其所需时间。

请对照下表，您是否在完成学习任务的过程中，出现过下列行为。

请根据日常观察，同学们还有哪些这类行为，也可填在下面，并判断自己是否有这种行为。

| 行为 | 请在符合的情况后面打√ |
|---|---|
| 发呆、走神 | |
| 抠手 | |
| 与同学聊天 | |
| 对学习难度判断不准确 | |
| 高估了自己完成作业的速度 | |
| 其他： | |
| 其他： | |
| 其他： | |
| 其他： | |
| 其他： | |
| 其他： | |

练习 4. 重要级排序

在学习时，分清轻重缓急有助于您把握重点，提高学习效率。

请把您今天要完成的学习任务列成清单，然后按照重要程度进行排序。在最重要的任务旁边写上序号 1（重要性依据个人意义），在其次重要的任务旁边写上序号 2，以此类推。

另外，请对这些事件按照急迫性排序，看看重要性和急迫性顺序是否一致？

| 学习项目 | 重要性 | 急迫性 |
|---|---|---|
| | | |
| | | |
| | | |
| | | |
| | | |

然后，请把这些事件填到下面四个类别中。

|  | 紧急 | 不紧急 |
|---|---|---|
| 重要 |  |  |
| 不重要 |  |  |

想想看，您在这些不同类别的事情上花了多少时间？

您有什么发现？最后和大家交流您的看法

## 练习 5. 二八原则

"二八原则"是指，有些事情，我们花了 20% 的时间或努力，却实现了 80% 的价值；或者反过来，有些事情，我们用了 80% 的时间，却只有 20% 的价值。我们每天都有一段时间是效率最高的，占一天时间中的 20%，尝试找出自己每天中这 20% 的时间，去完成一天中 80% 的学习，这样可以达到事半功倍的效果。

结合练习 3，可以把最重要的学习任务安排到效率最高的时间段。请你完成下面填空。

我的学习时间是： 从＿＿＿＿到＿＿＿＿；
从＿＿＿＿到＿＿＿＿；

我的休息时间是： 从＿＿＿＿到＿＿＿＿；
从＿＿＿＿到＿＿＿＿；

我一天可用时间： 从＿＿＿＿到＿＿＿＿；
从＿＿＿＿到＿＿＿＿；
从＿＿＿＿到＿＿＿＿；
从＿＿＿＿到＿＿＿＿；

我最有效率的时间段是从＿＿＿＿到＿＿＿＿；
从＿＿＿＿到＿＿＿＿；

我最重要的事情是＿＿＿＿＿＿＿＿＿＿＿＿；

我把最重要的_____事安排在____时间做，它占一天的____；要让它实现80%的价值！

## 五、成长盘点

回头浏览一下：在前面5个练习中，您都写了什么？您学到了什么？有什么有用的发现？请填写在下面（不是考试，没有对错，只需说明您个人的收获）。

### （一）最佳练习

在前面这5个练习中，哪一个练习对您来说最有用：_____

### （二）收获盘点

您从这个最佳练习中学会了什么？列出2—3种：

1._____

2._____

3._____

### （三）应用计划

在本周练习的下列项目中，从今天开始，您打算怎么应用？

| 项目 | 应用 |
| --- | --- |
| 制定学习目标 |  |
| 精准把握时间 |  |
| 找出时间陷阱 |  |
| 重要级排序 |  |
| 二八原则 |  |

## (四) 效果评价

请在最符合自己的数字上画圈。

| | 完全不同意 | 不同意 | 不一定 | 同意 | 完全同意 |
|---|---|---|---|---|---|
| 1. 我已经从这些训练中受益。 | 1 | 2 | 3 | 4 | 5 |
| 2. 我相信我有能力运用这些技术。 | 1 | 2 | 3 | 4 | 5 |
| 3. 我相信这些技术将来还会有助于我的学习。 | 1 | 2 | 3 | 4 | 5 |

## 六、达标签署

恭喜您已经完成了本书中关于计划策略的所有练习。

为了确认您的收获，我们需要有一份正式签署。

### (一) 要点回顾

签署之前，可以再回顾一下计划策略的要点：

1. 制定学习目标

目标要明确而具体，是可以测量的、有时限性的、可实现的。

2. 精准把握时间

能够相对准确地确定自己每天的活动内容及其所需时间，有助于您精确地获得能够用于学习活动的时间总量，然后根据不同活动类型进行合理分配。

3. 找出时间陷阱

当预估完成任务的时间和实际使用的时间之间差异较大时，要找出造成差异的原因。

4. 重要级排序

在学习时要分清轻重缓急。

5.二八原则

把最重要的学习任务安排到效率最高的时间段,往往能够事半功倍。

## (二)学生签署

我保证关于计划策略的所有练习都已用心完成。

学生签名:_____日期:_____

## (三)监督者签署

我保证这个学生已经用心完成了关于计划策略的所有练习。

监督者签名:_____日期:_____

(老师、顾问、父母均可)

# 维度 20  反思改进

## 一、理论基础

### （一）反思改进的含义与作用

反思改进是反思学习（reflective learning）的核心要义，其主要成分就是元认知中的调节策略（regulation strategy）。所谓调节策略，就是通过反思自己的学习活动及其结果，调整认知活动或认知策略，矫正或补救学习问题。[1]调节策略有助于学生弥补先前不足，积累学习经验，为后续学习打好基础，做到会学，甚至善学。

如果说元认知策略的自我监视是对学习活动的输入过程，计划策略是内部的加工，那么调节策略就是元认知的输出策略。虽然自我监视和计划策略可以独立发挥作用，但调节策略却必须在自我监视和计划策略的基础上才能运作，由此构成一个输入→加工→输出↗输入→加工→输出的循环提升过程，其整体的表现形式就是反思学习。

### （二）反思改进的发展与影响因素

反思能力发展带有阶段性。赵玉香认为，小学低年级学生的反思意识属于直观感悟阶段，表现为较为细致的观察能力，较为认真的倾听、读写能力等。需要教师有意识、有目的的循序渐进的引导。小学中高年级具备一定的反思能力，能进行有目的、深层次地观察、倾听、讨论、辩解等学习活动，有了自己有理有据的见解或想法，具备较为完善的思维能力和敏

---

[1]　陈琦,刘儒德.教育心理学[M].北京:高等教育出版社,2011: 342.

锐的辨别力。教师要有意识地引导，使反思成为习惯，并逐步成为自律学习者。[1]

根据班图拉的"交互决定论"，学习是学生内在因素、学习行为和学习环境不断相互作用的结果。通过师生互动、生生互动、学生与学习材料的互动，学生才有真实的反思改进。

## 二、应对要点

1. 养成反思的习惯

思然后知不足，当我们知道行为过程和获得结果之间的因果关系后，便会对自己的行为产生自主意识。

2. 了解不同归因方式的影响

认识到对结果的不同解释，会影响之后的行为。

3. 调整归因

对于外部、稳定、不可控的事情，我们往往是不可改变的。因此，要学着关注内部、不稳定和可控的因素。

4. 明确错误类型

学会对错误类型进行划分，找到错误的原因。

5. 针对性改进

根据分析原因，明确努力方向，精准改进，有效提升。

## 三、预期收获

√ 提升反思的意识。

√ 意识到不同归因方式的影响。

√ 学会积极归因。

√ 明确错误类型。

√ 针对不同错误类型进行改进。

---

[1] 赵玉香.反思性学习理论与实践谈探索[M].济南：山东大学出版社,2006.

## 四、正式练习

### 练习1. 成绩归因

美国心理学家韦纳提出,对事情结果的解释主要分为6个方面:

1. 能力:评估自己对某项学科是否胜任。
2. 努力:在学习过程中是否尽力而为。
3. 难度:凭个人经验判断该项学习的困难程度。
4. 运气:个人认为结果是否与运气相关。
5. 身心状态:学习过程中个人当时身体及心情状况是否影响成效。
6. 外界环境:外界的影响因素。

请你拿出近期测试过的几张试卷,先为自己的考试成绩做下评价(1分代表非常糟糕、2分代表有些糟糕、3分代表一般、4分代表还可以、5分代表非常好)。评价后后,认真地写出你认为考得糟糕、考得一般,或考得很好的原因,看看自己对成绩的归因分别对应以上哪些方面?(打勾即可)

|      | 试卷1 | 试卷2 | 试卷3 | 试卷4 |
|------|总分____|总分____|总分____|总分____|
| 能力 |  |  |  |  |
| 努力 |  |  |  |  |
| 难度 |  |  |  |  |
| 运气 |  |  |  |  |
| 身心状态 |  |  |  |  |
| 外界环境 |  |  |  |  |

### 练习2. 归因方式的影响

我们对于结果的解释会影响接下来的努力程度。比如把考试失败归因为缺乏能力,我们可能会越来越不自信,自暴自弃,从而影响之后的学习参与。如果把取得满意的成绩归因于努力，之后则可能会出现更多的主动学习行为。

请您认真思考，并在下表中写出不同的归因方式可能会带来哪些影响。

| 考试结果 | 归因方式 | 影响 |
| --- | --- | --- |
| 考得不错 | 1. 能力强<br>2. 付出较多努力<br>3. 题目简单<br>4. 运气比较好<br>5. 身心状态极佳<br>6. 外部因素的帮助 | |
| 考得糟糕 | 1. 缺乏能力<br>2. 付出的努力不够<br>3. 题目太难<br>4. 运气太差<br>5. 身体不舒服、精神状态糟糕等<br>6. 周围因素的干扰 | |

### 练习3. 调整归因

对上述6种归因方式进行三个维度（控制点、稳定性、可控性）的划分，划分结果见下表。

控制点：影响的来源是内在（内控），还是外在（外控）。

稳定性：影响因素是否稳定，在类似情境下是否具有一致性。

可控性：影响因素是否凭个人意愿控制。

| | 控制点 | | 稳定性 | | 可控性 | |
| --- | --- | --- | --- | --- | --- | --- |
| | 内控 | 外控 | 稳定 | 不稳定 | 可控 | 不可控 |
| 能力高低 | + | | + | | | + |
| 努力程度 | + | | | + | + | |
| 任务难度 | | + | + | | | + |
| 运气好坏 | | + | | + | | + |
| 身心状态 | + | | | + | | + |
| 外界环境 | | + | | + | | + |

进行过练习2后，相信你已经意识到不同归因方式所带来的影响。对

于外部、稳定、不可控的事情，我们往往是不可改变的。因此，要学着关注内部、不稳定和可控的因素。

接下来，请你对试卷上的错误再进行一次归因，尝试在可控的范围内进行分析，并思考之后该如何改进。

| 错误 | 错误的原因<br>（可控范围内） | 如何改进 |
| --- | --- | --- |
|  |  |  |
|  |  |  |
|  |  |  |
|  |  |  |

### 练习 4. 明确错误类型

相对于前面 3 个练习，接下来的 2 个练习更强调帮助同学们精准分析，有效提分。

一张试卷上的错误往往包括技能型错误（S 型错误）和知识型错误（K 型错误），每种类型下常见的错误原因如下。

| 错误类型 | 常见错误原因 |
| --- | --- |
| S 型错误 | 1. 审题错误：题目没有读完、看错或漏掉题目关键信息、审题失误，以为考的是某个内容或题型，结果不是。<br>2. 计算错误：运算步骤省略过多、运算化简时出错、在草稿上计算出错。<br>3. 抄写错误：草稿、试卷和答题卡之间抄错。<br>4. 书写不规范：写错概念、术语、词语、数字，答题过程不规范。<br>5. 其他：题会做，但时间不够，没做完。 |
| K 型错误 | 1. 缺乏系统：不注重总结，归纳，没有将相同考点的不同考法、变化提炼总结，一变就错。<br>2. 辨识不清：平时不重视相似题，缺乏观察、思辨。<br>3. 知识散乱：没有建立各章节和章节之间的知识网络，知识散乱，记忆混淆，容易遗漏，不能回归考点。 |

同样地，请你拿出一张最近测试过的试卷，对错题进行错误类型划分，

找出技能型错误（S型错误）和知识型错误（K型错误），并分析原因，计算出不同类型错误的失分率，填写在下表中。

| 题号 | 错误类型 | 错误原因 |
|---|---|---|
|  |  |  |
|  |  |  |
|  |  |  |

汇总
S型失分率：　　　　　　K型失分率：

### 练习 5. 针对性改进

划分过错误类型后，可以在平时的练习过程中针对不同类型的错误进行改进。

改进建议如下。

| 错误类型 | 改进建议 |
|---|---|
| S型错误 | 1. 审题错误：养成读完题再答题的习惯；审题过程中标出关键字词或数量关系；答题时适时回顾题目。<br>2. 计算错误：绝不省略步骤；标明题号；平时书写规范，像对待正式试卷一样。<br>3. 抄写错误：看排版、对题号、看过程。<br>4. 书写不规范：学习标准答案步骤；书写用语规范练习。<br>5. 时间不够：先易后难，提高做题速度。 |
| K型错误 | 1. 确定主要失分领域：哪一章？哪一节？哪个知识点？<br>2. 在搞懂弄通上下功夫：找到对应知识点，认真思考。自己思考不出来，可以求助老师和同学。确定主要失分领域，先补大漏洞再补小漏洞。<br>3. 找该类型题目演练，达到90%以上正确率。 |

请在练习4的基础上，针对不同的错误类型制定相应的改进计划。

| 题号 | 错误类型及原因 | 改进计划 |
|---|---|---|
|  |  |  |
|  |  |  |

续表

| 题号 | 错误类型及原因 | 改进计划 |
|---|---|---|
|  |  |  |
|  |  |  |
|  |  |  |
|  |  |  |

### 五、成长盘点

回头浏览一下：在前面 5 个练习中，您学到了什么？有什么有用的发现？请填写在下面（不是考试，没有对错，只需说明您个人的收获）。

#### （一）最佳练习

在前面这 5 个练习中，哪一个练习对您来说最有用：_____

#### （二）收获盘点

您从这个最佳练习中学会了什么？列出 2—3 种：

1._____

2._____

3._____

#### （三）应用计划

在本周练习的下列项目中，从今天开始，您打算怎么"应用"？

| 项目 | 应用 |
|---|---|
| 成绩归因 |  |
| 归因方式的影响 |  |
| 调整归因 |  |
| 明确错误类型 |  |
| 针对性改进 |  |

## （四）效果评价

请在最符合自己的数字上画圈。

|  | 完全不同意 | 不同意 | 不一定 | 同意 | 完全同意 |
| --- | --- | --- | --- | --- | --- |
| 1. 我已经从这些训练中受益。 | 1 | 2 | 3 | 4 | 5 |
| 2. 我相信我有能力运用这些技术。 | 1 | 2 | 3 | 4 | 5 |
| 3. 我相信这些技术将来还会有助于我的学习。 | 1 | 2 | 3 | 4 | 5 |

## 六、达标签署

恭喜您已经完成了本书中关于反思改进的所有练习。

为了确认您的收获，我们需要有一份正式签署。

### （一）要点回顾

签署之前，可以再回顾一下反思改进的要点：

1. 养成反思的习惯

反思然后知不足，当我们知道行为过程和获得结果之间的因果关系后，便会对自己的行为产生自主意识。

2. 了解不同归因方式的影响

认识到对结果的不同解释，会影响之后的行为。

3. 调整归因

对于外部、稳定、不可控的事情，我们往往是不可改变的。因此，要学着关注内部、不稳定和可控的因素。

4. 明确错误类型

学会对错误类型进行划分，找到错误的原因。

5. 针对性改进

根据分析原因，明确努力方向，精准改进，有效提升。

（二）学生签署

我保证关于反思改进的所有练习都已用心完成。

学生签名：_____ 日期：_____

（三）监督者签署

我保证这个学生已经用心完成了关于反思改进的所有练习。

监督者签名：_____ 日期：_____

（老师、顾问、父母均可）

## 维度 21　自我监视

### 一、理论基础

#### （一）自我监视的含义与作用

学习的自我监视（self-monitoring），就是学生对自己的学习状态和活动进行观察、检查、评价和判断，是反思改进和计划策略等元认知策略的基础，是自主学习中最为核心的能力。

自我监视的对象，既包括自身与学习有关的所有方面，如自己在学习上的兴趣、爱好、能力、资源、优劣势、价值观、各种动力等稳定特征，以及注意力、精力、态度、感受、改变、提升等不稳定状态；也包括自己的学习活动，如学习的目标、过程、方法、策略、进度、进展、日程、结果、效果、效率、规律等。

自我监视是一种有效的策略，在各种教育干预中均得到了较为广泛的应用，比如用于提升注意水平、学业成绩、阅读理解水平、提高学习动机、培养独立性、增强社会适应能力以及减少问题行为等方面。提高自我监视，学生才能从有指导学习走向真正自主学习。

#### （二）自我监视发展的一般阶段

幼小初高四个学段，阅读自我监视知识和实际的自我监视，如关于文章结构、阅读计划、速度把控、难点解决、理解状况等，都逐渐上升；记忆自我监视，即元记忆，包括记忆的目的、任务、方法及策略等，也都逐渐加强。

## 二、应对要点

1. 增强自我监视的意识。

2. 学会出声思维。

（1）学会自我提问。

（2）互相提问、互相促进。

## 三、预期收获

√ 意识到自我监视的重要性。

√ 学会自我提问。

√ 学会互相提问。

## 四、正式练习

### 练习1. 自我记录法

要提高自我监视的能力，首先要有自我监视的意识。我们可以通过记录学习时的注意力状况，来提高自我监视的意识。

**注意力水平观察检核表**

| | 行为表现 | 次数 | 持续时间 |
|---|---|---|---|
| 分心行为表现 | 发呆 | | |
| | 玩弄东西 | | |
| | 翻出与当前任务无关的书本文具 | | |
| | 说无关的话 | | |
| | 上厕所 | | |
| | 哼歌 | | |
| | 拍桌子 | | |
| | 抓耳挠腮 | | |
| | 抠手 | | |
| | 乱画 | | |

| | 行为表现 | 次数 | 持续时间 |
|---|---|---|---|
| 注意集中表现 | 指读 | | |
| | 认真写 | | |
| | 修改 | | |
| | 翻阅 | | |
| | 使用所需文具 | | |
| | 小声读出当前内容 | | |
| | 有必要提问 | | |

### 练习 2. 自我提问法

自我提问法是在学习过程中给自己提出问题，从而启发自己的思路，使问题获得解决的方法。养成一有问题就发问的习惯，有助于提高思考和解决问题的能力。

请您选择一道自己经常出错的题目，根据自我提问单，用自问自答的方式理清解题的过程和思路。

#### 自我提问单[1]

| 1. 解题前：我认真审题了吗？ |
|---|
| * 我看懂每一句话的意思了吗？<br>* 我理解了整个题目的要求了吗？<br>* 题目中有没有帮助我解题的信息？ |
| 2. 解题中：我使用方法了吗？ |
| * 我选择什么方法来解决这个问题？<br>* 我选择的解题方法的依据是什么？<br>* 我能清楚地认定我的每一步都是正确的吗？ |
| 3. 解题后：进行反思了吗？ |
| * 我检查自己的解题过程和答案了吗？<br>* 我在解题过程中经常会犯哪些错误？<br>* 我能采取什么措施避免这种错误？<br>* 这道题还有没有其他更好的解题方法？ |

之后，在遇到会重复犯类似的错误的地方，可以为自己设计一个自我提问单，认真回答自己的问题，看看到底是什么地方让您陷入了错误的

---

[1] 林静,李洵.培养学生元认知能力的心理辅导课教学结构初探——基于"自我提问单"的设计[J].江苏教育,2016(64):23-26.

思路。

### 练习 3. 互相提问法

除了自我提问，还可以与您的同伴互相提问，讨论思维过程，从而起到相互纠正、相互补充、相互促进的作用。

互相提问的问题可以参照自我提问单，例如：

您看懂每一句话的意思了吗？

您理解了整个题目的要求了吗？

题目中有没有帮助您解题的信息？

您选择了什么方法来解决这个问题？

您选择解题方法的依据是什么？

您能清楚地认定自己的每一步都是正确的吗？

您检查自己的解题过程和答案了吗？

您在解题过程中经常会犯哪些错误？

您可以采取什么措施避免这种错误？

这道题还有没有其他更好的解题方法？

课下，您可以和您的同伴开展提问比赛，看谁的问题提得更有水平，更能促进思考。

### 练习 4. 检查策略

确保回答是符合题目要求的，这对于考试和任务取得成功而言很重要。

请您思考在检查不同学科的作业时，您都使用了哪些策略？将可以运用该项检查策略的学科，填写在表格中。

| 检查策略 | 我可以在这些学科中使用 |
| --- | --- |
| 例子：每写完一段就再读一遍问题。 | 英语，历史 |
| 1. 写完之后再读一遍我的回答/文章。 | |

| 检查策略 | 我可以在这些学科中使用 |
| --- | --- |
| 2. 仔细检查我的计算。 | |
| 3. 花更多的时间去读问题。 | |
| 4. 当我不明白一个词语时，去查词典或百科全书。 | |
| 5. 检查问题的每个部分都已经回答。 | |
| 6. 在写下我脑中首先浮现的内容之前，先停顿片刻去思考。 | |

将这些表格复印一份贴在您家墙上、放在您的日记或者学期计划中。

## 练习 5. 写学习日记

坚持写学习日记，在日记中监控自己的听课效率、听课方法、课后基础知识的巩固情况，以及习题的完成情况、订正情况和归纳情况等，真实记录学习过程中经历的困难、心存的困惑、做出的努力、采取的方法和体验的感受等。

请把学习日记内容提示单，贴在学习日记本内，每天对照思考并记录。[1]

请务必认真思考以下问题，并将相关情况记录在当天的学习日记中。

1. 今天课上都听懂了吗？对老师的提问是否能独立思考？并把思维过程完整描述出来？

2. 上课时注意力是否集中？如果溜过神，自己有没有很快发现？

3. 有没有使用一些方法帮助自己提高听课效果？如勤记笔记，在关键句下划线……

4. 今天你温书了吗？能否顺利复述出今天所学的主要内容？有没有将新学知识和已有知识联系起来？

5. 是否已经搭建了本课内容的知识框架？是独立搭建的，还是借助笔

---
[1] 陆昱. 高中生物教学中培养学生元认知能力的研究与实践 [D/OL]. 华东师范大学, 2003[2021-06-18].

记搭建的？

6. 今天做习题顺利吗？有没有将曾有疑惑的题做上标记？

7. 对于错题，是否及时纠正了错误观点？是否分析过自己"为什么错了"？

8. 有没有发现相似的题型、易混淆的题型和一题多解的题型？

9. 是否已经预习了下节课的内容？预习后是否找到了重点和难点，知道了听课方向？

10. 请简要评价你今天的学习情况。

### 五、成长盘点

回头浏览一下：在前面 5 个练习中，您学到了什么？有什么有用的发现？请填写在下面（不是考试，没有对错，只需说明您个人的收获）。

#### （一）最佳练习

在前面这 5 个练习中，哪一个练习对您来说最有用：＿＿＿＿＿＿

#### （二）收获盘点

您从这个最佳练习中学会了什么？列出 2—3 种：

1.＿＿＿＿＿＿＿＿＿＿＿＿＿＿＿＿＿＿＿＿＿＿＿＿＿＿＿＿

2.＿＿＿＿＿＿＿＿＿＿＿＿＿＿＿＿＿＿＿＿＿＿＿＿＿＿＿＿

3.＿＿＿＿＿＿＿＿＿＿＿＿＿＿＿＿＿＿＿＿＿＿＿＿＿＿＿＿

#### （三）应用计划

在本周练习的下列项目中，从今天开始，您打算怎么"应用"？

| 项目 | 应用 |
| --- | --- |
| 自我记录法 | |
| 自我提问法 | |
| 互相提问法 | |

续表

| 项目 | 应用 |
|---|---|
| 检查策略 | |
| 写学习日记 | |

### （四）效果评价

请在最符合自己的数字上画圈。

| | 完全不同意 | 不同意 | 不一定 | 同意 | 完全同意 |
|---|---|---|---|---|---|
| 1. 我已经从这些训练中受益。 | 1 | 2 | 3 | 4 | 5 |
| 2. 我相信我有能力运用这些技术。 | 1 | 2 | 3 | 4 | 5 |
| 3. 我相信这些技术将来还会有助于我的学习。 | 1 | 2 | 3 | 4 | 5 |

## 六、达标签署

恭喜您已经完成了本书中增强自我监视的所有练习。

为了确认您的收获，我们需要有一份正式签署。

### （一）要点回顾

签署之前，可以再回顾一下增强自我监视的要点：

1. 增强自我监视的意识

要提高自我监视的能力，首先要有自我监视的意识，认识到自我监视作为基本学习习惯的重要性。

2. 学会出声思维

（1）学会自我提问

养成一有问题就发问的习惯，从而提高思考和解决问题的能力。

（2）互相提问

与同伴讨论思维过程，互相提问、互相纠正、互相促进。

### （二）学生签署

我保证关于自我监视的所有练习都已用心完成。

学生签名：_____日期：_____

### （三）监督者签署

我保证这个学生已经用心完成了关于自我监视的所有练习。

监督者签名：_____日期：_____

（老师、顾问、父母均可）

# 摆脱阻力篇

# 第八章　摆脱阻力练习

本部分共包括 5 个维度，每个维度包括认识本质、应对要点、预期收获、正式练习（5 个）、成长盘点和达标签署。各维度正式练习的目录如下。

### 维度22　学业焦虑
练习1. 快速放松
练习2. 告别非理性信念
练习3. 备考方法
练习4. 应试技巧
练习5. 回忆成功经历

### 维度23　失控感受
练习1. 做得好坏为什么
练习2. 我能掌控什么
练习3. 掌控的关键
练习4. 扩展您的掌控范围
练习5. 奖励自己做到掌控的事

### 维度24　学业脱离
练习1. 跳出来看自己
练习2. 我的学习我做主
练习3. 我的过去还可以
练习4. 我的目标与资源
练习5. 我对未来有把握

### 维度25　自我妨碍
练习1. 我如何妨碍自己
练习2. 我为何妨碍自己
练习3. 自我阻碍的得与失
练习4. 挑战借口
练习5. 更新应对方式

### 维度26　回避失败
练习1. 应对恐惧的ABC
练习2. 错误可以成为我进步的垫脚石
练习3. 从拖延到行动
练习4. 应对"无益的"学习理由
练习5. 打破悲观预期

# 维度 22　学业焦虑

## 一、理论基础

### （一）学业焦虑的含义

学业焦虑（academic anxiety）就是对学业的紧张和担忧。紧张，就是学习或考试带来的压力感和不舒服甚至厌恶感，同时也会伴有血压升高等身体紧张反应。担忧，就是害怕学不好或考不好。

每个学生都体验过焦虑，适度焦虑是学习活动必需的驱动力。但过度焦虑会阻碍学业投入，可能难以专心、难以集中注意力、难以记忆东西，进而造成学业水平下降，并降低学生的幸福感、自我效能感，甚至导致社交退缩和学业脱离，甚至吃不好、睡不好，造成身心健康受损。

学业焦虑是一个统称，不仅包括特定背景下的焦虑，如考试焦虑、课堂焦虑等；也包括对具体学习内容的焦虑，如数学学习焦虑、外语学习焦虑等；还表现在多个层面：

1.注意转移：过于注意与任务无关的外部干扰（其他学生的行为、时钟、外来噪声）或内部干扰（忧虑、白日梦、身体反应），并陷入恶性循环。

2.心理偏离：过于担心、忧虑、不安；难以忍受的消极"自我对话"，如自我批评、自我警示、自责等；对自我价值和周围世界的错误信念等。

3.生理痛苦：肌肉紧张、出汗、心跳加速和双手颤抖，对健康具有破坏性。

4. 行为不当。如逃避、拖延、自我设障、匆忙答题，或过分小心翼翼，或强迫自己，而不是花点时间放松。

（二）学业焦虑的影响因素

1. 环境因素：学习负担过重、升学压力、不良的家庭教养方式、教育资源不足、亲戚交往时对学生学业评价的不当措辞、社会支持不足等。

2. 个人因素：情绪性特质越高，学业焦虑越高；整体上女生高于男生，尤其是在数学上，但在语文上男生高于女生。

## 二、应对要点

1. 识别焦虑信号。

前期的综合测验中，您获得了一个学业焦虑的分数，您可以体察下自己是否有如下感觉：紧张、感觉胃部不舒服、心跳加快、担心失败、心情沉重等等。此外，您还可以通过更完整的焦虑测验来进一步确认焦虑的程度。

2. 探寻焦虑来源。

觉察自己当下由于什么事情而感到焦虑，发现自己焦虑的原因。

3. 明确焦虑认知。

觉察自己有哪些不合理信念，并摆脱它们。例如，"糟糕至极"——这次考不好我就完了；"以偏概全"——这么多题目不会做，我肯定考不上高中了。

4. 练习放松技术。

放松是与焦虑对抗的状态，学习一些易于操作且对您有用的放松技术，能有效缓解焦虑。例如，腹式呼吸放松法。

5. 掌握应对方法。

学习一些实际的应对方法，才能从根本上处理好让您感觉焦虑的事物。这可能包括规划一个学习时间表，预留缓冲时间等等，请根据您的测验结果，选择本书其他章节做相应联系。

6.开始行动，专注任务。

采取一些方法，比如番茄工作法，专注于当下的任务。拒绝完美主义，尽快开始行动。行动是减少焦虑的绝招。

### 三、预期收获

✓ 学习如何觉察不合理性信念。

✓ 学习如何快速放松。

✓ 学习如何有效备考。

✓ 学习如何快速开始行动并专注于当下的任务，拒绝拖延带来的焦虑。

### 四、正式练习

#### 练习1. 快速放松

焦虑的对立面是放松。

当身体放松的时候，精神也就不容易紧张。

任何人都能学会如何放松，练得越多，您放松得就越好。

初次练习时，可以由协助您使用这个练习册的成人代为朗读指导语。

后续其他练习前，都可以做几分钟这个放松训练。

您也可以在手机上查找放松冥想类APP，跟着音乐练习放松。

指导语：

步骤1：告诉自己"我现在要进行放松练习"。

步骤2：安静坐着或躺着。

步骤3：确保您是舒服的。

步骤4：专注于您的呼吸，深深地吸气，将气吸入腹部。（吸气时数数，从1到5，然后重复；呼气时心里告诉自己"放……松……"。）

步骤5：逐步放松您身体的每一个部分。

专注于您的右脚，脚趾紧紧地蜷缩几秒钟，然后慢慢地放松。

现在左脚做同样的事。

紧绷您的右大腿肌肉几秒钟,然后慢慢放松。

现在左大腿肌肉做同样的事。

您的右手、左手、腹部和脸部都做同样的事。

步骤6: 现在您的身体更放松了。

请将您的思想带到一个您所知道的最平静的地方。当您的思想到了那里,请关注到那个地方的每一个部分以及它所有平静的方面。如果您脑中出现了分散您注意力的想法,也没关系,重新再关注您的计数、身体或者平静的地方。

步骤7: 当您准备好了,慢慢地回来。慢慢睁开眼睛,活动您的胳膊和腿,然后慢慢起来。

步骤8: 安排您下一次放松的时间和地点。

## 练习2. 告别非理性信念

导致您焦虑的,并不是客观发生的事情,而是您对这件事情的非理性信念。

对照自己,检查自己是否存在这些非理性信念。

补充例子,给出更理性化的表达。

可以多次练习。以下表格根据戴维·伯恩斯的《伯恩斯新情绪疗法》相关内容改编。

### 告别非理性信念练习表

| 非理性信念 | 非理性表达举例 | 表达理性化 |
| --- | --- | --- |
| ①非此即彼<br>非黑即白、非此即彼的极端评价。 | "如果没考过,我就完蛋了。"<br>您的例子: | |
| ②以偏概全<br>看到一点,或发生过一次,就代表全部或永远。 | "我上次考试考砸了,这次一定考不好。"<br>您的例子: | |
| ③心理过滤<br>专注各种消极细节,反复回味,得出消极结论。 | "好几道题都不会,这次一定会考砸。"<br>您的例子: | |

续表

| 非理性信念 | 非理性表达举例 | 表达理性化 |
|---|---|---|
| ④否定正面思考<br>总是给自己的优点或成就泼冷水。 | "这次考得好,都是运气好。"<br>您的例子: | |
| ⑤妄下结论<br>事情还没有发生或还没有结果,就主管臆断地对事态发展作了消极的推测与断言。 | "我没有人家准备得那么充分,这次考试一定会很糟。"<br>您的例子: | |
| ⑥放大和缩小<br>放大自身错误、恐惧或不足,夸大其重要性。缩小自身的优点时,轻视其价值。 | "我数学不好,所以我肯定不擅长理科,物理和化学一定也学不好。"<br>您的例子: | |
| ⑦情绪化推理<br>把情绪当成了事实的依据。 | "我没心情做事,所以不如躺在床上发呆。"<br>您的例子: | |
| ⑧"应该"句式<br>无视客观条件,把某种要求强加于自己或他人。 | "我应该考到满分。"<br>"我必须获得成功。"<br>您的例子: | |
| ⑨乱贴标签<br>极端以偏概全,认为衡量一个人,要以他的错误为尺度。 | "太糟糕了,我真是个傻瓜、废物、白痴。"<br>您的例子: | |
| ⑩罪责归己<br>很可能完全与己无关,却归罪于自己。 | "我演讲时他打盹,我也太失败了!"<br>您的例子: | |

### 练习 3. 备考方法

不能有效备考,会增加考前焦虑。

其实有大量的备考方法,您不必担心。

下面练习中,您可以盘点下自己有哪些备考方法。

选出您最需要注意的 3 种,并排序。可在备注中说明原因。

把这个清单贴在您的课桌、墙上、书本中或其他您容易看到的地方。

#### 备考方法检核表

| 备考方法 | 排序 | 备注 |
|---|---|---|
| 自始至终坚持学习 | | |

续表

| 备考方法 | 排序 | 备注 |
| --- | --- | --- |
| 即使开始较晚，也比不学好 | | |
| 有一个学习时间表并执行 | | |
| 按时完成并上交作业 | | |
| 回顾试卷或错题集 | | |
| 自测 | | |
| 考前可能会出现的干扰，思考如何应对 | | |
| 避免在考前做重大决定 | | |
| 保持您的人际关系平稳 | | |
| 回避可能动摇、干扰或让您不安的人和事 | | |
| 考前一周保持良好的睡眠 | | |
| 考前一周保持饮食平衡 | | |
| 考前一周适当增加放松训练 | | |
| 关注老师的提醒、强调 | | |
| 了解考试范围 | | |
| 了解各科学分比重 | | |
| 了解题型和各自分数比重 | | |
| 了解考试时间、时长、地点、交通、作息、食宿 | | |
| 了解考试所需材料、文具 | | |
| 其他： | | |
| 其他： | | |
| 其他： | | |
| 其他： | | |
| 其他： | | |
| …… | | |

### 练习 4. 应试技巧

应试技巧可以显著减少考前和考中的焦虑。

下面练习中，您可以盘点下自己有哪些应试技巧。

选出您最需要注意的 3 种，并排序。可在备注中说明原因。

把这个清单贴在您的课桌、墙上、书本中或其他您容易看到的地方。

**备考方法检核表**

| 应试技巧 | 排序 | 备注 |
| --- | --- | --- |
| 前一晚准备好所有材料（包括一只手表） | | |
| 睡前定好闹钟，如果有必要，就设置 2 个或以上闹钟 | | |
| 吃早饭 | | |
| 提前到达考场 | | |
| 回避可能动摇、干扰或让您不安的人和事 | | |
| 千万认真地阅读说明 | | |
| 了解试卷分数、题量，规划好答题时间 | | |
| 保持答题节奏，控制答题时间分配 | | |
| 大题多回看原题，确保没有跑题 | | |
| 书写工整 | | |
| 大题先拟提纲 | | |
| 不要关注别人 | | |
| 遇到难题不要慌，先回答其他题目，有可能会受到启发 | | |
| 明白哪种答题方式更适合自己：从头到尾？先做简单还是先做最难？ | | |
| 不要急于交卷，千金难买回头一看 | | |
| 其他： | | |
| 其他： | | |

续表

| 应试技巧 | 排序 | 备注 |
|---|---|---|
| 其他： | | |
| 其他： | | |
| 其他： | | |
| …… | | |

### 练习 5. 回忆成功经历

回忆成功的考试经历可以帮助我们增强对考试的自信心。

下面练习中，您可以盘点下自己考试成功时的感受。

回忆您从小到大发挥最好的几次考试，回想考试时是什么样的感觉，考完后有什么感觉，您为那次考试做了哪些准备。

把这个清单贴在您的课桌、墙上、书本中或其他您容易看到的地方，并找时间跟自己的同学、家人或老师分享成功的经历。

成功经历记录表

| 成功的考试经历 | 考试时的感受如何？ | 考试之后的感受如何？ | 取得这样的成功，您是怎么做到的？ |
|---|---|---|---|
| 事件一： | | | |
| 事件二： | | | |
| 事件三： | | | |

## 五、成长盘点

回头浏览一下：在前面 5 个练习中，您都写了什么？您学到了什么？有什么有用的发现？请填写在下面（不是考试，没有对错，只需说明您个人的收获）。

### （一）最佳练习

在前面这 5 个练习中，哪一个练习对您来说最有用：_____

### （二）收获盘点

您从这个最佳练习中学会了什么？列出 2—3 种：

1._____

2._____

3._____

### （三）应用计划

在本周练习的下列项目中，从今天开始，您打算怎么"应用"？

| 项目 | 应用 |
| --- | --- |
| 放松技术 | |
| 告别非理性信念 | |
| 开始行动 | |
| 备考方法 | |
| 应试技巧 | |

### （四）效果评价

请在最符合自己的数字上画圈。

| | 完全不同意 | 不同意 | 不一定 | 同意 | 完全同意 |
| --- | --- | --- | --- | --- | --- |
| 1. 我已经从这些训练中受益。 | 1 | 2 | 3 | 4 | 5 |
| 2. 我相信我有能力运用这些技术。 | 1 | 2 | 3 | 4 | 5 |
| 3. 我相信这些技术将来还会有助于我的学习。 | 1 | 2 | 3 | 4 | 5 |

## 六、达标签署

恭喜您已经完成了本书中减少焦虑的所有练习。

为了确认您的收获，我们需要有一份正式签署。

### （一）要点回顾

签署之前，可以再回顾一下减少自我妨碍的要点：

1. 识别焦虑信号

前期的综合测验中，您获得了一个学业焦虑的分数，您可以体察下自己是否有如下感觉：紧张、感觉胃部不舒服、心跳加快、担心失败、心情沉重等等。此外，您还可以通过更完整的焦虑测验来进一步确认焦虑的程度。

2. 探寻焦虑来源

觉察自己当下由于什么事情而感到焦虑，发现自己焦虑的原因。

3. 明确焦虑认知

觉察自己有哪些不合理信念，并摆脱它们。例如，"糟糕至极"——这次考不好我就完了；"以偏概全"——这么多题目不会做，我肯定考不上高中了。

4. 练习放松技术

放松是与焦虑对抗的状态，学习一些易于操作且对您有用的放松技术，能有效缓解焦虑。例如，腹式呼吸放松法。

5. 掌握应对方法

学习一些实际的应对方法，才能从根本上处理好让您感觉焦虑的事物。这可能包括规划一个学习时间表、预留缓冲时间等等。请根据您的测验结果，选择本书其他章节做相应联系。

6. 开始行动，专注任务

采取一些方法，比如番茄工作法，专注于当下的任务。拒绝完美主义，尽快开始行动。行动是减少焦虑的绝招。

### (二)学生签署

我保证关于焦虑的所有练习都已完成。

学生签名：_____ 日期：_____

### (三)监督者签署

我保证这个学生已经完成了关于焦虑的所有练习。

监督者签名：_____ 日期：_____

（老师、顾问、父母均可）

## 维度 23　失控感受

### 一、理论基础

#### （一）失控感受及其影响

失控感受（uncertain control），通俗说就是没有了掌控感，就是在面临考试时，因为对自己不够自信，不知道自己的做法会有什么后果，也不知道该做些什么，才能取得成功或避免失败。[1]与此含义相近的是习得性无助感（learned helplessness），就是随着不断努力却总是失败，就感到无论做什么，都于事无补。[2]失控感受是无助感的前提，失控感受积累过多会产生习得性无助感。[3]

随着不可控消极事件的增多或持续，失控感和无助感会导致出现畏难、烦躁、冷淡、悲观、颓丧等消极情绪，甚至产生焦虑和抑郁，并表现为学习动机降低。

#### （二）失控感受的原因

1. 不恰当的教育：父母或教师之间教育内容、理念、方式等不一致和奖惩的不可预测，容易造成儿童失去对成败的掌控感。

2. 错误的归因模式：失败后归因为稳定的内部原因，"我失败了，是

---

[1]　PUTWAIN D W, PESCOD M. Is Reducing Uncertain Control the Key to Successful Test Anxiety Intervention for Secondary School Students? Findings from a Randomized Control Trial [J]. School Psychology Quarterly, 2018, 33(2): 283-292.

[2]　SELIGMAN M E P. Learned Helplessness[J]. Annual Review of Medicine, 1972, 23(1): 407-412.

[3]　SANDERS P, BOYTE A. How Can I Get That Good Grade Again? Improving Pasifika Student Achievement in NCEA with a Motivation Intervention[J]. The New Zealand Annual Review of Education, 2020, 24: 122-141.

因为我笨,这意味着我总是要失败";或成功后归因为不可控的外部原因,比如"这次考得好,纯粹是碰巧我考前看到了这道大题"。

3. 非理性信念,对消极事件的小题大做,产生挫败感等消极情绪。

## 二、应对要点

1. 识别您的功课中您能掌控的方面并去发展它们。功课中您能掌控的方面包括您的努力、您做功课的方法,以及一定程度上的学习条件。

2. 认识到您不会总是做得像您想要做的那么好,但是明白努力和认真做功课是您能做得好的要素。

3. 定期做作业和订正。每天做一些作业可以建立掌控和成功。

## 三、预期收获

✓ 识别过去您做得好或者做不好的原因。

✓ 识别您的错题本和作业里以及学校生活中您能掌控的东西。

✓ 找回对学习的掌控感:您的学业您做主。

## 四、正式练习

### 练习1. 做得好坏为什么

建立您的掌控感的第一步,就是去看一看过去您做得好或者做不好的原因。在下表中您要列出您曾做得好或者做不好的所有原因。考虑的事情包括:努力或者缺乏努力;好运气或者坏运气;考试简单或者考试困难;聪明或者不够聪明;考试或学习的条件(例如不舒服的椅子、天气太热等);到达得早或晚;准备充分或者没有准备;寻求老师帮助或者没有寻求帮助;等等。

| 过去我做得好的原因 | 过去我做得不好的原因 |
| --- | --- |
| 例子:"我学习真的很努力" | 例子:"考试太难了" |

续表

| 过去我做得好的原因 | 过去我做得不好的原因 |
|---|---|
| 例子:"我很幸运" | 例子:"考前一晚我出去玩儿了" |
|  |  |
|  |  |
|  |  |
|  |  |

### 练习 2. 我能掌控什么

在上一个练习中您列出了过去您做得好或者做不好的原因。在这个练习中,您将要看一看其中哪些原因是您可以掌控的。当您能做一些什么去改变那些事情,事情就在您的掌控之中。例如,您做功课的数量在您掌控之中,因为您能够增加或者减少您做的数量。然而,考试的难度您无法掌控,因为它取决于老师并且您不能改变它。

在下表中写出上一个练习中的清单。在您清单的每个条目旁边,对您能掌控或者改变的事情写下"掌控";您对无法掌控或改变的事情写下"不"。如果在您的表格中没有出现"掌控"一词也不要担心,因为您会在下一个练习中开发一些"掌控"。

| 过去我做得好的原因 | 能否掌控? | 过去我做得不好的原因 | 能否掌控? |
|---|---|---|---|
| 例子:"我学习真的很努力" | 能掌控 | 例子:"考试太难了" | 不能 |
| 例子:"我很幸运" | 不能 | 例子:"考前一晚我出去玩儿了" | 能掌控 |
|  |  |  |  |
|  |  |  |  |
|  |  |  |  |
|  |  |  |  |
|  |  |  |  |

### 练习 3. 掌控的关键

您需要尽可能地专注于您能掌控的事情。当您专注于您能掌控的事情时,您会感觉更自信,也会倾向于在您的功课上做得更好。在这个练习中,您将要专注于您能控制的所有事情。看一看上个练习中的表格,并在下表中写出所有旁边写着"掌控"的条目。您越专注于这些,您就会感觉越自信、越能掌控。

| 您掌控感"强"的条目 | 过去我做得不好的原因<br>(因为什么没有做到) |
|---|---|
| 例子:"我学习真的很努力" | 例子:"考前一晚我出去玩儿了" |
|  |  |
|  |  |
|  |  |
|  |  |

### 练习 4. 扩展您的掌控范围

下面这个清单中的事情是所有同学都能掌控的,也是帮你们在学校实现成功的因素。请注意打"√"确认。

然后再想出几个您可以掌控的事情,并写在下表中。

| 学习的数量 | 对考试的准备 | 应试技能 |
|---|---|---|
| 学习方法 | 向老师寻求帮助 | 对学习的态度 |
| 访问图书馆 | 管理您的学习条件 | 功课汇报 |
| 避免干扰 | 不浪费时间 | 做放松练习 |
| 1. | 2. | 3. |
| 4. | 5. | 6. |
| 7. | 8. | 9. |

这些都是您以后要专注的事情。这些也都会增加您对学习的掌控。

### 练习 5. 奖励自己做到掌控的事

上面的练习呈现了能普遍掌控的事，以及自己还想掌握的事情。

下面这个练习，要思考如果我们掌控了自己想做的事，完成了任务和目标，如何对自己进行奖励，哪一类型的奖励，具体可以实施的，从而增强自己的自信心，进而继续保持专注掌控。

| 我完成掌控的事 | 我的小奖励 |
| --- | --- |
| 例：安排、规划好自己课余时间 | 奖励自己周末和家人外出旅游 |
| 1. | |
| 2. | |
| 3. | |
| 4. | |

为了得到对自己的奖励，加油吧！

## 五、成长盘点

看一看您在最近的5个练习中都写了什么。想一想您学到了什么，有什么有用的发现。

（一）最佳练习

现在请回答问题。请记住，答案没有正确和错误之分，只需要写下最适合您的回答。

下面请填写：在前面这5个练习中，哪一个对您来说最有用？

练习编号：＿＿＿＿＿＿

（二）收获盘点

列出至少2件（试着写3件）这个练习教会您的、您认为最有用的事情。

1._____

2._____

3._____

### (三)应用计划

下表是这几个练习的几条信息。针对每一条信息,请写出一个您会使用的详细方法。

| 信息 | 我怎么应用 |
| --- | --- |
| 最重要的是要知道过去您做得好或者做不好的原因。 | |
| 专注于功课上或学校生活中您能掌控的事情。 | |
| 定期做订正和作业。 | |

### (四)效果评价

请在最符合自己的数字上画圈。

| | 完全不同意 | 不同意 | 不一定 | 同意 | 完全同意 |
| --- | --- | --- | --- | --- | --- |
| 我相信我可以运用这些练习中学会的东西。 | 1 | 2 | 3 | 4 | 5 |

## 六、达标签署

恭喜!现在您应该已经完成了增强掌控感部分的所有练习。

为了确认您的收获,我们需要有一份正式签署。

### (一)要点回顾

增强掌感控的一般规则:

1. 识别能掌控的方面并去发展它们。

2. 明白努力和认真做功课是您能做得好的要素。

3. 定期做订正和作业。

## （二）学生签署

我保证关于增强掌控感这部分的所有练习都已完成。

学生签名：_____ 日期：_____

## （三）监督者签署

我保证这个学生已经完成了关于增强掌控感这部分的所有练习。

监督者签名：_____ 日期：_____

（老师、顾问、父母均可）

# 维度 24　学业脱离

## 一、理论基础

### (一) 学业脱离的含义

学业脱离 (school disengagement) 是指在学习环境与学生之间的不良互动中，学生产生了压力、沮丧、无助、厌学等感受，逐渐放弃某一科或某几科的学习，甚至旷课、逃学、辍学。

### (二) 学业脱离的表现

学生对学习没有兴趣和需要，没有目标和计划，没有抓住监控和调节，没有积极情绪和态度，没有主动投入，注意力不集中等，经常出现听课走神、做小动作、传纸条、打瞌睡，不做或拖延作业，总想推托、逃避或放弃学业，最终可能产生旷课、逃学、留级甚至辍学行为。

### (三) 学业脱离的影响

在对当前学龄期的影响上，学业脱离与学业失败、辍学退学、酗酒等药物滥用、暴力乃至犯罪以及心理和身体健康问题、精神障碍、社会适应不良都有显著正相关[1]。

在对未来的影响上，由于学业脱离造成的听、说、读、写、算、逻辑、抽象和创新能力等方面发展停滞，造成走入社会后对有难度文本的解读能力不足，进而造成问题解决能力等心理资源不足。同时，脱离学业者也很

---

[1] VAUGHN M G, WEXLER J, BEAVER K M, et al. Psychiatric Correlates of Behavioral Indicators of School Disengagement in the United States[J]. The Psychiatric quarterly, 2011, 82(3): 191-206.

难融入发展良好的同龄人圈子，社会资源也存在难以估量的局限。加之先前形成的酗酒、冲动等行为习惯，可能造成成年后的行为问题、婚姻问题，带来事业成就、幸福感和生活满意度等方面的威胁。

（四）学业脱离的原因

导致学业脱离的外部原因包括：专制型的学校氛围、父母教养风格、家庭经济状况、父母受教育水平、消极的师生关系、缺乏成人的尊重、缺乏自主支持、缺乏同伴支持、学业压力、学科困难、学习内容与己无关或无聊等；内部原因包括：学生本人的性格因素（低坚韧性和毅力）、能力观（固定思维模式）等。

## 二、应对要点

1.认识自身价值。

请关注"自我价值"维度。

2.认识自身潜力。

在"火箭模型"中，学业脱离是所有学业阻力中阻力最大的一个，困难来自某种或某些动力或能力的瓶颈。点燃本有的多级动力和能力，甚至任一维度的提升，就可预见到对未来生活的最显著改善。可根据自己的测验结果，选择增加相应维度的训练。

3.您有选择权。

您可以选择脱离，也可以选择投入。

您能掌控您做功课的数量和质量、和谁一起学习、您专注于什么、想要什么结果。一切都在变化，只是变好或变坏的问题。

4.换一副眼镜，看看校园生活里曾经经历的好事情。

如果能发生一次，就能再次发生。

5.找出您的贵人。

每个人的一生中，都会有很多贵人相助。在您的周围也是一样，识别出那些可以给您帮助和鼓励的人,当您寻求帮助或建议时,您就不再孤单一个人面对阻力。这个人可以是家长、老师、学业导师、咨询师、学长或者任何一个能够在您的功课方面,在您对事物的看法、想法和感受方面给您帮助的朋友。

## 三、预期收获

✓ 认识到自己的选择权。
✓ 窥见自己无穷潜力的一角。
✓ 学会换个视角看学校的事情。
✓ 学着让好事发生在自己身上。

## 四、正式练习

### 练习1. 跳出来看自己

不同的学生对学校的感受也是不相同的。在这个练习中,请写下您对第一栏中呈现的对象的态度、体验和感受,无关好坏评价,老师和家长也不会有什么看法,只为了梳理当下您自己真实的自己。您也可以自己添加左侧的对象项目。

可参考的态度、体验或感受词语:喜欢、讨厌、害怕、恐惧、压力山大、枯燥无味、满意、担心、有趣……

| 对象 | 您的态度或感受 | 原因 |
| --- | --- | --- |
| 例:学校 | 喜欢 | 在学校的成绩还不错,有成就感。 |
| 例:学校 | 讨厌 | 怎么努力学习成绩都不好,感觉在学校没什么意思。 |
| 学校 | | |
| 学习成绩 | | |
| 我擅长的学科 | | |
| 我不擅长的学科 | | |

续表

| 对象 | 您的态度或感受 | 原因 |
|---|---|---|
| 学校同学 | | |
| 学校老师 | | |
| 课堂 | | |
| 课后作业 | | |
| 考试 | | |
| _____老师 | | |
| _____老师 | | |
| _____老师 | | |
| 其他： | | |
| 其他： | | |
| 其他： | | |
| 其他： | | |

### 练习2. 我的学习我做主

总是有一些您可以做的事情，能够改变或影响您对学校中某一对象的态度或感受。在这个练习中，您要看一看那些能让您在学校表现好一点或者能更享受学校的事情。您阅读每一个条目时，请回答相关问题。

| 我想做也能做的事 | 今天开始 |
|---|---|
| 1. 多花一点时间在功课上 | 多花多长时间？ |
| 2. 找个我能专心学习的时间 | 什么时间？ |
| 3. 找个我能专心学习的地方/环境 | 在哪里？ |
| 4. 把作业写好 | 向谁寻求建议？ |
| 5. 向老师询问如何改进作业 | 您会问哪些明确的问题？ |
| 6. 在功课上有问题，就去寻求帮助 | 您可以找谁？ |

续表

| 我想做也能做的事 | 今天开始 |
|---|---|
| 7. 多做练习 | 哪个或哪些学科？ |
| 8. 检查我有没有跑题（例如，再读一次文章的问题） | 哪个或哪些学科？ |
| 9. 即使事情很艰难也要继续努力 | 哪个或哪些学科您比较容易放弃？ |
| 10. 上课更认真地听讲，不明白就问 | 哪个或哪些学科？ |

### 练习 3. 我的过去还可以

每个人的生活都不会一帆风顺，甚至糟糕的事情接二连三。但还是会有一些事情也许并不像我们想象的那么差。

在校园生活中，您总能找到一些还算可以的事情。想到它们，您就有理由更乐观。下面您要找出来一些最近发生的还算不错的事情。

下面，请您用"√"标记出最近两周您完成的事情，然后再补充2到3件。

| 最近两周还不错的事情 | 最近两周还不错的事情 |
|---|---|
| 我按时到校了 | 我向一个老师提问了 |
| 我按时交作业了 | 我做完了不想做但该做的事 |
| 我有项作业完成的得不错 | 我在某一个项目上有了进步 |
| 有道题很难，但我做出来了 | 我参与了一个不太擅长的活动 |
| 我上交的作业很整洁 | 老师要求我做的事情我做好了 |
| 我做了没要求做的额外功课 | 有一节课老师讲的很不错 |
| 我查了一些功课方面的拓展材料 | 有一节课我真的很感兴趣 |
| 为改善作业，我尝试了新做法 | 在课上我回答了一个问题 |
| 交卷/作业前我检查了 | 我在课堂讨论中发言了 |
| 我仔细检查我的计算 | 我在功课方面帮了一个同学 |
| 老师给了我一个不错的评价 | 我在某个小组里做得不错 |

续表

| 最近两周还不错的事情 | 最近两周还不错的事情 |
|---|---|
| 其他1: | |
| 其他2: | |
| 其他3: | |

这些事情虽小,但却能给您的学校生活添上一笔一笔的彩色。虽然它们不会一直发生,但只要有了第一次,就会有第二次、第三次……

### 练习 4. 我的目标与资源

上一个练习中您已经看到,在自己的校园生活中,有些事情您做得还不错。这说明您有能力做得更好。如果您能把一些目标明确一下,把可利用的资源梳理一下,您就会更有方向、更有动力、更有效率。

下面,首先请您结合自身当下实际情况,写出短期内4个自己"跳一跳,够得着"的小目标,越具体越好!

这些目标可以是前面练习中,您选出来的您曾经觉得不错的那些事,并写出这个目标对自己重要的原因。

然后,请您写下,为了实现练习2中表格第一栏中的目标,您有哪些可利用的积极因素。

| 我的小目标 | 这个目标对我重要的原因 | 可利用的积极因素 |
|---|---|---|
| 例1:按时完成我喜欢的学科作业。 | 能完成作业我心里会觉得有成就感。 | 作业单、课堂笔记、同学、老师、父母 |
| 例2:每节课保证25分钟的时间认真听讲。 | 认真听讲能学习到更多知识,做作业的时候可以加快速度,不用焦头烂额。 | 眼耳口手、笔记、同桌、老师、座右铭 |
| 1. | | |
| 2. | | |
| 3. | | |
| 4. | | |

### 练习 5. 我对未来有把握

在上个练习中,您结合自己的实际情况设立了目标,又明确了您能利用的资源。为了这些小目标,您开始做了什么?

在下面练习中,为了对自己的未来充满信心和把握,您要看一下自己如何做才能让这些小目标得以实现。

在下表中,写出您要设立的小目标。请注意:这些小目标仍然可以是前面练习中,您选出来的您曾经觉得不错的那些事。

然后,写出您准备如何做,越具体越好。

| 我的小目标 | 我的做法 |
| --- | --- |
| 例1:按时完成我喜欢的学科作业。 | 我打算上课时不和朋友说话;我晚上要向老师请教一下记笔记的方法;上课时我要提醒自己不去做白日梦。 |
| 例2:每节课保证25分钟的时间认真听讲。 | 跟着老师的思路走,多回应老师的目光和提问;用笔将重点画起来,记笔记。 |
| 1. | |
| 2. | |
| 3. | |
| 4. | |

## 五、成长盘点

回头浏览一下:在前面5个练习中,您都写了什么?您学到了什么?有什么有用的发现?请填写在下面(不是考试,没有对错,只需说明您个人的收获)。

### (一)最佳练习

在前面这5个练习中,哪一个练习对您来说最有用:_____

### (二)收获盘点

您从这个最佳练习中学会了什么?列出2—3种:

1._____

2._____

3._____

### （三）应用计划

在本周练习的下列每一个项目，从今天开始，您打算怎么"应用"？

| 项目 | 应用 |
| --- | --- |
| 跳出来看自己 | |
| 我的学习我做主 | |
| 我的过去还可以 | |
| 我的目标与资源 | |
| 我对未来有把握 | |

### （四）效果评价

请在最符合自己的数字上画圈。

| | 完全不同意 | 不同意 | 不一定 | 同意 | 完全同意 |
| --- | --- | --- | --- | --- | --- |
| 1. 我已经从这些训练中受益。 | 1 | 2 | 3 | 4 | 5 |
| 2. 我相信我有能力运用这些技术。 | 1 | 2 | 3 | 4 | 5 |
| 3. 我相信这些技术将来还会有助于我的学习。 | 1 | 2 | 3 | 4 | 5 |

## 六、达标签署

恭喜！您已经完成了本书中应对学业脱离的所有练习。

为了确认您的收获，我们需要有一份正式签署。

### （一）要点回顾

签署之前，可以再回顾一下应对学业脱离的要点：

1. 认识自身价值——您的天赋。

2. 认识自身潜力——火箭的多级动力与能力。

3. 您有选择权——何时启动、如何飞行。

4. 换一副眼镜,看看校园生活里曾经经历的好事情。

5. 找出您的贵人——您的资源有很多。

(二)学生签署

我保证关于应对学业脱离的所有练习都已用心完成。

学生签名:_____ 日期:_____

(三)监督者签署

我保证这个学生已经用心完成了关于应对学业脱离的所有练习。

监督者签名:_____ 日期:_____

(老师、顾问、父母均可)

# 维度 25　自我妨碍

## 一、理论基础

### （一）自我妨碍的含义与作用

自我妨碍（self-handicapping）是指在面对考试或竞赛等竞争性活动时，为了避免因可能失败造成降低自尊或自我价值，而有意无意制造的各种借口。实际上就是为了把失败原因外在化（失败了并非没有能力），同时也是把成功原因内在化（让人觉得即使如此不利，竟然还能成功）。

### （二）自我妨碍的结构与分类

一类是实际的外在表现，如各种行为或选择，包括拖延、磨蹭、游逛等浪费时间的行为，或不认真备考、考前熬夜、玩耍、减少练习时间、自己解决不了也不求助、在挑战面前弃权，或选择、制造不利于发挥的情境，甚至滥用酒精、药物等物质等。

另一类是声称的，表现为心理或身体状态，比如强调生理疾病、压力过大、考试焦虑、情绪失调等不利因素，甚至真的出现身体上的不适，如腹痛、头疼等，正如自我妨碍英文表面字义，从而给自己贴上"被阻碍"的标签。

### （三）自我妨碍的发展与影响

自我妨碍是为了保护自尊，因此自我妨碍一般是出于较低的或不太稳定的自我价值。自我妨碍的好处是在短期内维持了自尊或自我价值，但长期来说，却无益于真正地提升自我价值。如果把自我妨碍当作印象管理的策略，需要注意它是一把双刃剑：一方面，成功时人家觉得您能力强、失败时人家觉得不是因为您笨；但另一方面，人家可能会觉得您缺乏上进心和责任感，反倒留下不靠谱的印象。

大量研究表明，长期的自我妨碍会产生各种负效应。比如降低学业成绩、降低学习效率、产生不良学习习惯、增加退缩应对策略、降低幸福感和生活满意度。这些负效应反过来又会产生更大的自我妨碍，形成恶性循环。

如果您是自我妨碍的，您就不会充分使用您的能力，不会觉得在学校那么好，不会去达到您能达到的高度。

### 二、应对要点

根据火箭模型，自我妨碍的对立面是各种深层动机和元认知策略，在自我监视和反思改进中，提升自我价值感、自我效能感等深层动力，是摆脱自我妨碍消极效应的根本。

1. 识别自我妨碍。

自己是否存在自我妨碍？是只存在于某一学科，还是多个方面？

2. 探索自我妨碍的来源及其对自己各方面的影响。

根据火箭模型，逐项反思自己各维度分数。感受这些方面与自我妨碍的相互影响。

3. 寻找突破口。

首先，要明白作为一个人，您的价值并不取决于您的分数，请同时关注"自我价值"维度的训练。

其次，把先前的不足、未来的错误都作为成功的垫脚石，不要专注于自己的缺点或者和别人比较，请同时关注"成长思维"维度的训练。

4. 开始行动，专注任务。

专注于尽您所能做的，力所能及做到自己的最好状态，请同时关注"专注沉浸"维度的训练。

## 三、预期收获

√ 看清楚自己是怎么阻碍自己成功的。

√ 找到阻碍自己成功的原因。

√ 找到移除您成功路上障碍的方法。

√ 迎来成功!

## 四、正式练习

### 练习 1. 我如何妨碍自己

自我妨碍人人都有，只要您愿意，您就可以把它曝光出来，避免它的障碍。

要克服自我妨碍，第一步，就是承认它的存在。

在下表中，哪些明显符合您？可打勾选择。

如果您有更明显的其他方式，也请列到下面。

最后，选出最阻碍自己成功的 3 种主要方式，并按影响程度排序。

#### 自我妨碍检核表

| 自我妨碍 | 我有（√） | 影响程度排序 |
| --- | --- | --- |
| 平时放学后优先做其他事情，把作业推迟到最后 | | |
| 第二天到学校急匆匆地补做作业 | | |
| 平时不认真听讲，课堂捣乱，与教师作对 | | |
| 贬低学习，不做作业，逃课 | | |
| 给自己定一些不切实际的学习目标 | | |
| 不练习，不记笔记，或记得不完整 | | |
| 表现出自己学得很轻松的样子 | | |
| 考前不认真复习 | | |
| 考前过多地参加各种活动 | | |

续表

| 自我妨碍 | 我有（√） | 影响程度排序 |
|---|---|---|
| 考前或赛前夸张地说自己不舒服或生病了 | | |
| 考前或赛前说自己没睡好 | | |
| 考前焦虑、情绪沮丧、抑郁 | | |
| 考前诉说心情不好或其他创伤性生活事件 | | |
| 服用影响表现的药物，如含酒精饮料等 | | |
| 做作业前强调他人对我学习的干扰 | | |
| 过分夸大成功中存在的困难、障碍 | | |
| 说自己回答问题的时候太紧张 | | |
| 其他： | | |
| 其他： | | |
| 其他： | | |

### 练习2. 我为何妨碍自己

在上个练习中，您已经看到了自己阻碍自己成功的方式。

在这个练习中，您要仔细而诚实地看一看，自己为何这么做？

在下表中，抄写前面您选出的5个"自我妨碍"方式，抄写到左边一列。

针对每一条，在右边写出您这么做的原因或者好处。

记住，真诚地对待自己，您不需要考虑别人怎么看。

| 我的自我阻碍 | 我这么做的原因 |
|---|---|
| 例1："我会在考试前一晚浪费时间。" | 如果我没有考好，我就有了一个借口。 |
| 例2："我会在考前一晚故意熬夜。" | 如果我考试发挥失常，都是睡眠不足惹的祸。 |
| 1. | |
| 2. | |
| 3. | |
| 4. | |

续表

| 我的自我阻碍 | 我这么做的原因 |
|---|---|
| 5. | |

### 练习 3. 自我阻碍的得与失

上个练习中,您探索了自己在某些任务中给自己设置阻碍的原因。接下来,将上表的第一列内容抄写到下表中,对每一种设置阻碍行为后自己的得与失,衡量一下得失之间是否值得。

| 自我阻碍 | 原因:我的所"得" | 结果:我的所"失" |
|---|---|---|
| 例1:"我会在考试前一晚浪费时间。" | 有借口解释我没考好的原因,可以避免别人看轻我,保护我的自尊心。 | 错失了一次全力以赴准备考试,证明自己能行的机会。 |
| 例2:"我会在考前或者赛前故意熬夜。" | 没考好或者发挥失常时,可以归因于睡眠不足,而不是我的能力有问题。 | 无法了解自己的真实水平,可能会错失重要的机会,时间一久可能造成自己的能力下降 |
| 1. | | |
| 2. | | |
| 3. | | |
| 4. | | |
| 5. | | |

### 练习 4. 挑战借口

前面练习中,您已经知道了阻碍自己成功的那些所谓"原因",其实就是各种借口,同时您也知道了它的后果。

下面练习中,您将要尝试挑战这些原因,这样才能避免您不希望的后果。

将上表的原因抄到下表中。

挑战每一条内容,用一种乐观的、坚定的替代方式来看待您的功课。

(提示:挑战这些原因时,您可以不断参照"火箭模型",从中找到提示和线索。)

| 我想我这么做的原因 | 挑战 |
|---|---|
| 我没学习，即使考不好，别人也不会说我笨。 | 如果我专注于做任务，而不是专注于别人的看法，我有可能会做得更好，这才是实实在在的让人看得起。 |
| 1. | |
| 2. | |
| 3. | |

您越能够真诚地找出您成功路上自我妨碍，越深入地反思这些自我妨碍的原因，越客观地评价自我妨碍的后果，并越勇敢地挑战这些原因，您就越能够享受学业成功的快乐。

### 练习 5. 更新应对方式

通过前面练习，您看到了给自己设置阻碍也许能一时保护自尊心不受伤害，但同时，您也失去了很多可能成功的机会，甚至给自己埋下了很多地雷。

下面练习中，首先请您回顾自己的人生经历，列出自己最自豪的成功事件。如果您实在想不起来，可以问问身边的同学、老师或您的家人。

| 我最自豪的成功事件 | 当时的应对态度 |
|---|---|
| 例1：初中时连续2年当选班长。 | "竞选班长前准备了很久，勇敢地表达了自己的想法和将来的做法，获得了同学们的肯定。" |
| 例2：成功考上了心仪的中学。 | "最后几个月的时间拼命学习，脑子里什么都没想，专注到学习的内容中。" |
| 1. | |
| 2. | |
| 3. | |

上面这些经历的背后，是您的自我监督、把控、自信、坚持、乐观和积极。其实，每个人的潜力都是无限的，只要采取正面、积极的态度，相信只要再坚持一下困境总能过去。

欣赏9分钟视频《永不言弃》（https://www.iqiyi.com/w_19rr4vbj91.html）。

假设再次出现您之前给自己设置障碍的情景，请试着用一种更积极、坚定的态度来面对吧。

| 学业情境 | 新的应对方式 |
|---|---|
| 例1：第二天有重大考试。 | "全力以赴，认真复习。" |
| 例2：我有一个重要任务要完成。 | "做阶段计划，按部就班的认真完成，注重体验过程，而非一味追求结果。" |
| 1. | |
| 2. | |
| 3. | |

### 五、成长盘点

回头浏览一下：在前面5个练习中，您都写了什么？您学到了什么？有什么有用的发现？请填写在下面（不是考试，没有对错，只需说明您个人的收获）。

#### （一）最佳练习

在前面这5个练习中，哪一个练习对您来说最有用：＿＿＿＿＿

#### （二）收获盘点

您从这个最佳练习中学会了什么？列出2—3种：

1.＿＿＿＿＿＿＿＿＿＿＿＿＿＿＿＿＿＿＿＿＿＿＿＿

2.＿＿＿＿＿＿＿＿＿＿＿＿＿＿＿＿＿＿＿＿＿＿＿＿

3.＿＿＿＿＿＿＿＿＿＿＿＿＿＿＿＿＿＿＿＿＿＿＿＿

#### （三）应用计划

在本周练习的下列项目中，从今天开始，您打算怎么"应用"？

| 项目 | 应用 |
|---|---|
| 我有哪些自我妨碍 | |
| 我为何自我妨碍 | |
| 自我阻碍的得与失 | |
| 挑战借口 | |
| 更新应对 | |

(四)效果评价

请在最符合自己的数字上画圈。

| | 完全<br>不同意 | 不同意 | 不一定 | 同意 | 完全同意 |
|---|---|---|---|---|---|
| 1. 我已经从这些训练中受益。 | 1 | 2 | 3 | 4 | 5 |
| 2. 我相信我有能力运用这些技术。 | 1 | 2 | 3 | 4 | 5 |
| 3. 我相信这些技术将来还会有助于我的学习。 | 1 | 2 | 3 | 4 | 5 |

## 六、达标签署

恭喜您已经完成了本书中减少自我妨碍的所有练习。

为了确认您的收获,我们需要有一份正式签署。

(一)要点回顾

签署之前,可以再回顾一下减少自我妨碍的要点:

1. 识别自我妨碍。

自己是否存在自我妨碍?是只存在于某一学科,还是多个方面?

2. 探索自我妨碍的来源及其对自己各方面的影响。

根据火箭模型,逐项反思自己各维度分数。感受这些方面与自我妨碍的相互影响。

3. 寻找突破口。

首先，要明白作为一个人，您的价值并不取决于您的分数，请同时关注"自我价值"维度的训练。

其次，把先前的不足、未来的错误都作为成功的垫脚石，不要专注于自己的缺点或者和别人比较，请同时关注"成长思维"维度的训练。

4. 开始行动，专注任务。

专注于尽您所能做的，力所能及做到自己的最好状态，请同时关注"专注沉浸"维度的训练。

（二）学生签署

我保证关于减轻学业焦虑的所有练习都已用心完成。

学生签名：_____ 日期：_____

（三）监督者签署

我保证这个学生已经用心完成了关于减轻学业焦虑的所有练习。

监督者签名：_____ 日期：_____

（老师、顾问、父母均可）

## 维度 26　回避失败

### 一、理论基础

#### （一）回避失败的含义和影响

回避失败（Failure-avoidance）是为了保护自我价值感而极力避免失败的各种非理性行为。之所以说是非理性，是因为虽然回避了眼下的失败，但后续是更大、更多的失败；虽然能保护一时的自我价值，却难以获得成长的快乐，进而带来更低的自我价值、自信心、成就感，更持续的焦虑，更低的内在动力，更多的倦怠。

#### （二）回避失败的表现

回避失败和拖延、防御性悲观、充数者忧虑以及自我妨碍都属于自我价值保护类非理性行为。拖延（Procrastination）是回避失败的一种特例，是通过延迟决定或延迟行动来避免被认为无能力或不称职，但拖延者比一般回避失败者的标准更高，甚至带有完美主义倾向，因害怕达不到标准而拖延，以此回避因可能的失败带来的自我价值受损。

防御性悲观（defensive pessimism）则相反，是指在学习行为被评价之前就设置了悲观预期和最坏打算。虽然这样能让他们集中精力于任务，而且能完成好任务，但这也是出于低自尊，即使成功，也是付出了很大焦虑，终因存在害怕情绪而产生耗损，也会影响长期的成就。成功后只是放松，而非快乐。

充数者忧虑（impostor fears）是指因为害怕自己达不到他人的期望值

而担心自己被看成是"充数者",因而承受着一种持久而强烈的焦虑,担心被人发现自己不够聪明。即使有成就,也经常担忧、焦虑和自我怀疑,善于否认自己的成功,认为获得的名声和利益只是运气好而已,甚至不敢接受他人对自己能力的肯定;面对可能的失败,更是不敢行动,以避免失败带来的羞愧,最终导致情绪耗竭、内在动机丧失、倦怠并影响成就水平。

自我妨碍(self-handicapping)因采用了与成功背道而驰的行为而更为特殊,请参见本书维度15。

### (三)回避失败的原因

回避失败的直接原因就是为了维护自尊(自我价值),但个体的其他方面和环境原因才是回避失败形成的背后推手(见下图)。以充数者忧虑的家庭因素为例,在儿童时期,其家庭成员可能存在错误强化,经常夸奖儿童的美貌、沉着、口才或魅力等稳定特质,与成就所需的能力和努力无关。在这种氛围下,儿童根据父母的标准来评判自己,不太可能将能力融入自我形象中,也不太可能内化其成就,无法增强自我效能感,但却会对成功感到困惑。另外,专制型父亲容易养出决策型拖延和回避型拖延的女儿。

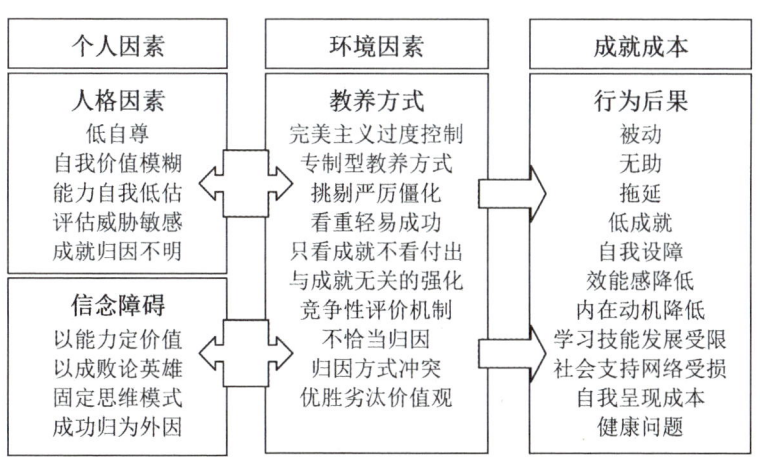

回避失败的原因

## 二、应对要点

1. 专注于实现个人优势和进步，而不是试着避免做不好或避免别人的不喜欢。

2. 认识到您的错误能够告诉您哪里做错了以及您可以在哪方面提升自己。错误是成功的垫脚石。

3. 明白认真和努力的工作能够让您达到个人优势，不必太担心做得不好。

4. 当您竭尽所能时要对自己感到自信，无论您的分数怎样或者别人怎么说、怎么想您的结果，您都要做出最大努力。

## 三、预期收获

√ 看一看您能应对恐惧的方法。

√ 看一看错误如何能够成为成功的垫脚石。

√ 学习如何采用更积极的方法对待您的功课。

## 四、正式练习

### 练习 1. 应对恐惧的 ABC

在这个练习中，您将要去应对一些您的恐惧。恐惧会阻碍我们在学校获得成功和乐趣。您可以学习如何去应对您的恐惧。恐惧是这个练习里的焦点，因为当恐惧隐藏于您所做的事情之下时，您会感觉更焦虑、更不自信、更无法掌控自己的功课。您将会看到，通过运用下面的 ABC 技术（A=Action 行动，B=Belief 信念，C=Commitment 承诺），您的恐惧会不再那么可怕。

在学校最关注什么？

（例：我很担心我弄不明白怎么去做物理学科任务。）

---

ACTION（行动）：写出为了开始应对担忧您能做的一件事——提供

一些您会如何做的细节。

（例：如果我有问题了我会去问老师，或者我打算花更多的时间在图书馆读书。）

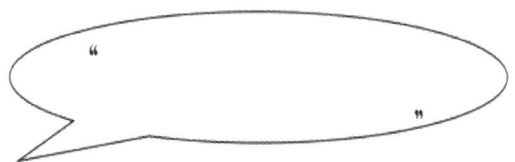

BELIEF（信念）：写下一个关于您相信自己可以解决问题的简短的、积极的、强烈的陈述句。

（例："我相信我能找到一个方法去应对这个担忧——我所需要的只是时间和努力"）

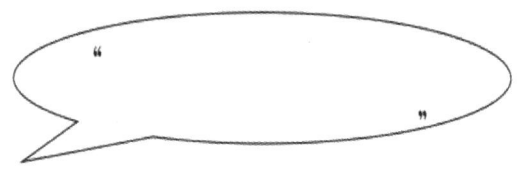

COMMITMENT（承诺）：当您能时刻想着目标时，您将会更坚定地去解决问题。想一想什么在困扰着您，并写下一个实际的解决方法或者您力争实现的结果。

（例：我打算花尽可能多的时间在任务上，广泛阅读，出现问题时想出不同的方法去解决。）

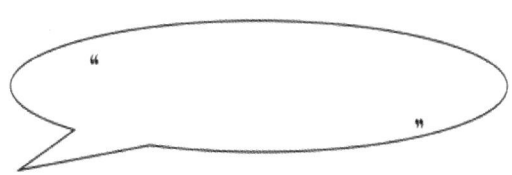

### 练习 2. 错误可以成为我进步的垫脚石

同学们害怕失败的一个主要原因，是认为自己犯错之时就是世界末日。当同学们相信犯错之时就是世界末日的时候，会专注于避免犯错而不是专注于个人优势、进步或取得成功。同学们常常忘记，你们的错误能够向你们展示自己可以在哪方面得到提升——错误可以成为成功的垫脚石。从错误中学到的教训对下一次很重要。您可以用上一次所学来避免再一次犯错。因此，错误是一个强大的学习机会，而不是对于您这个人的陈述。

在这个练习中，您将会看到错误如何能够成为未来进步的垫脚石。

描述一个您最近在功课方面犯的错误——错误越严重越好！（例：我历史作业不合格。）

_____

_____

您做了或者想了什么在您掌控之内的事情，导致了那个错误？（例：我拖到最后时刻才开始去做，所以我很匆忙，没有准确地阅读问题。）

_____

_____

您能从中学到什么，让您下一次进步？（例：我会更早开始做作业并且我下次会认真阅读题目。）

_____

_____

看，现在您有了一个更好的成功指南。通过用这种方式看待错误，您可以学到一些在下个任务中可以用到、增加您成功机会的教训。

### 练习 3. 从拖延到行动

当我们评估任务难度太大时，为了回避完不成任务或任务失败，常常故意延迟开始或结束本应该按计划完成的任务，长此以往，任务越积累越多，更会成为学业的阻碍。

在这个练习中,你将逐渐学会在困难的任务面前,做好准备状态,并立刻投入行动。

思考当前自己因为害怕失败而拖延的一个学习任务。(例:假期每天要完成5个学科各背书半小时。)

_____

_____

为该任务做好一天的学习计划,精确到具体时间段和具体的任务计划,并思考为了完成任务要提前做好哪些准备(例如:准备好某个学科的课本,笔,练习册等)。计划按照自己能完成的实际情况来制定(例如:每天5个学科的背书任务按照实际情况只能背三个,那就从三个任务量开始练习)。将计划贴在课桌、墙上或书本中。

| 任务内容 | 完成时间 | 完成准备 |
| --- | --- | --- |
| 任务一: | | |
| 任务二: | | |
| 任务三: | | |

在头脑中设置一个"开关",在每个任务即将开始前5分钟,启动"开关",进入即将行动的准备状态,思考任务的内容,做好完成任务的准备(打开书本,清理书桌等),同时给自己一个时间限制。若尝试后还不能立刻投入行动中,就提前"开关"的启动时间,增加"开关"的启动次数。

| 启动"开关"时间 | 完成打"√" |
| --- | --- |
| 提前1天 | |
| 提前半天 | |
| 提前2小时 | |
| 提前1小时 | |

续表

| 启动"开关"时间 | 完成打"√" |
|---|---|
| 提前半小时 | |
| 提前5分钟 | |

### 练习 4. 应对"无益的"学习理由

如果您做功课主要是为了回避失败、为了避免他人的不喜欢、为了看起来不那么"愚蠢",那么学习时您就会有很多压力。这也会让您感觉非常焦虑。这些就是"无益的"学习理由。但我们想要发展的是"有益的"学习理由,例如超越您的最好成绩,进步、发展您的技能。

在这个练习中,您将要应对"无益的"学习理由。下表中是一些您可能拥有的"无益的"学习理由。您的任务就是写出更积极的学习理由来挑战每一个"无益的"理由。

| 无益的学习理由 | 用一个积极的成功焦点来挑战 |
|---|---|
| 例子:"我努力学习的主要理由是我不想让别人认为我很愚蠢" | "别人怎么看我和我无关。我的任务是专注于努力学习以及尽我所能做到最好" |
| "我学习主要是不想考的太差" | |
| "我学习主要是不想让别人觉得我不好" | |
| "我学习的主要原因是我不想让别人失望" | |

您越专注于积极的学习原因,您就会越享受您的所学,您也会越少感到焦虑,并且您会做得更好。

### 练习 5. 打破悲观预期

如果在完成某个学习任务之前,就设置了悲观预期和最坏打算,那么在学习活动中就用更多的精力来应对对结果的焦虑情绪,因此,要打破习惯性的悲观预期。

在本次练习中,您将觉察到哪些自己对学习任务的评价属于悲观预期,并尝试转变对结果的评价。

| 学习活动 | 结果预期 | 是否为悲观预期 | 更积极的期待 |
| --- | --- | --- | --- |
| 马上要进行期末考试 | "这次考试我一定考不好" | 是 | "也许我考的不是最好,但会比之前有更大的进步" |
| 完成语文背诵任务 | "一个小时肯定背不完,就算一时背会了,还是会忘记的" | 是 | "谁也不是一下子就能背会记住,及时复习忘得会慢一些" |
| 完成数学家庭作业 | "都说我聪明能学会数学,如果学不好,那不是证明我是笨蛋么,还练习干什么" | 是 | "聪明远没有努力带来的结果好,也许是我还不够努力,不能因为成绩好坏就证明我是笨蛋" |
| 准备课堂展示活动 | "我一定展示不好,让给别人吧,免得被别人笑话" | 是 | |
| | | | |

最差的结果并不像想象当中发生的频率那么高,甚至很多时候考虑的最差结果都不会发生,但是如果一直抱着这样的心态去完成学习任务,会感觉没有信心且心力交瘁,也体会不到成功的快乐,因此找到那个悲观的预期,并尝试改变它吧。

## 五、成长盘点

回头浏览一下:在前面5个练习中,您都写了什么?您学到了什么?有什么有用的发现?请填写在下面(不是考试,没有对错,只需说明您个人的收获)。

### (一)最佳练习

在前面这5个练习中,哪一个练习对您来说最有用:_____

## （二）收获盘点

您从这个最佳练习中学会了什么？列出2—3种：

1._____

2._____

3._____

## （三）应用计划

在本周练习的下列项目中，从今天开始，您打算怎么"应用"？

| 项目 | 应用 |
|---|---|
| 应对恐惧的 ABC | |
| 错误可以成为我进步的垫脚石 | |
| 拒绝拖延，开始行动 | |
| 应对"无益的"学习理由 | |
| 打破悲观预期 | |

## （四）效果评价

请在最符合自己的数字上画圈。

| | 完全不同意 | 不同意 | 不一定 | 同意 | 完全同意 |
|---|---|---|---|---|---|
| 1. 我已经从这些训练中受益。 | 1 | 2 | 3 | 4 | 5 |
| 2. 我相信我有能力运用这些技术。 | 1 | 2 | 3 | 4 | 5 |
| 3. 我相信这些技术将来还会有助于我的学习。 | 1 | 2 | 3 | 4 | 5 |

## 六、达标签署

现在您应该已经完成了回避失败部分的所有练习。

是时候对这一部分进行正式签署了。

### （一）要点回顾

在签署之前，再看一眼减少回避失败倾向的一般规则：

1. 专注于实现个人优势和进步，而不是试着避免做不好或避免别人的不喜欢。

2. 认识到您的错误能够告诉您哪里做错了以及您可以在哪方面提升自己。错误是成功的垫脚石。

3. 明白认真和努力的工作能够让您达到个人优势，不必太担心做得不好。

4. 当您竭尽所能时要对自己感到自信，无论您的分数怎样或者别人怎么说、怎么想您的结果，您都要做出最大努力。

### （二）学生签署

我保证关于回避失败部分的所有练习都已完成。

学生签名 _____ 日期_____

### （三）监督者签署

我保证这个学生已经完成了关于回避失败部分的所有练习。

监督者签名：_____ 日期：_____

（老师、顾问、父母均可）

整合练习篇

# 第九章　整合练习：回顾成长历程

## 一、查漏补缺

1. 请把先前做过的所有练习，从前到后浏览一遍。

浏览中，特别关注每组练习后您对自己练习的"效果评价"分数。

2. 请在下表中，分别写下得分最低的和最高的那个维度的名字（例如反思改进等）：

| 得分最低的维度 | 得分最高的维度 |
|---|---|
| 维度： | 维度： |
| 我的不足： | 我学到了： |

注：如果最低分或最高分有两个或者更多部分，请选择一个您认为对您来说最低或最高的。

从得分最高的维度的练习中，看看您学到了什么？
_____

从得分最低的维度的练习中，看看您还有那些不足？
_____

3. 下面，请翻到得分最低的那个维度的练习第一页，并看一看那周练习的应对要点，从中选择两条您认为对您最有用的、最有帮助的，它们为什么有用？

（1）_____

（2）_____

4. 从这些应对要点中，您还能获得哪些启发？
_____
_____

5. 您打算怎么使用它们？
_____

## 二、成长检验

使用本书前,您已经做过一遍《自主学习力提升 26 维自测表》了。现在,请您再花几分钟时间做一遍测验,这几分钟非常值得。

请把上次和这次的雷达图,分别绘制在下面图中:

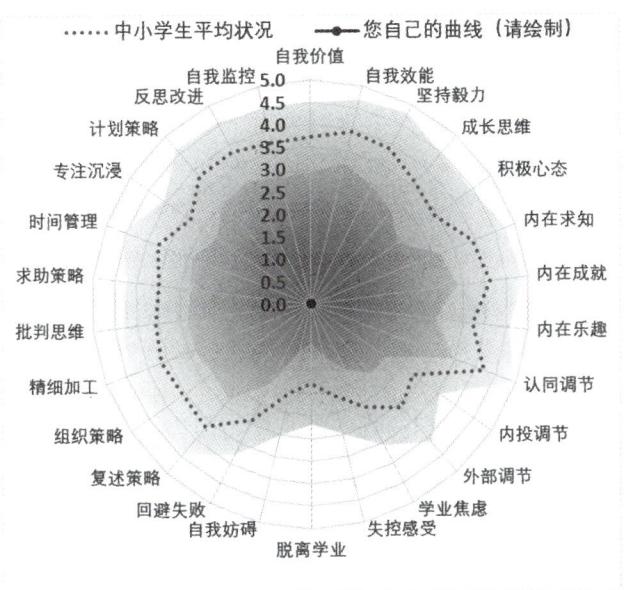

上一次的自主学习力雷达图

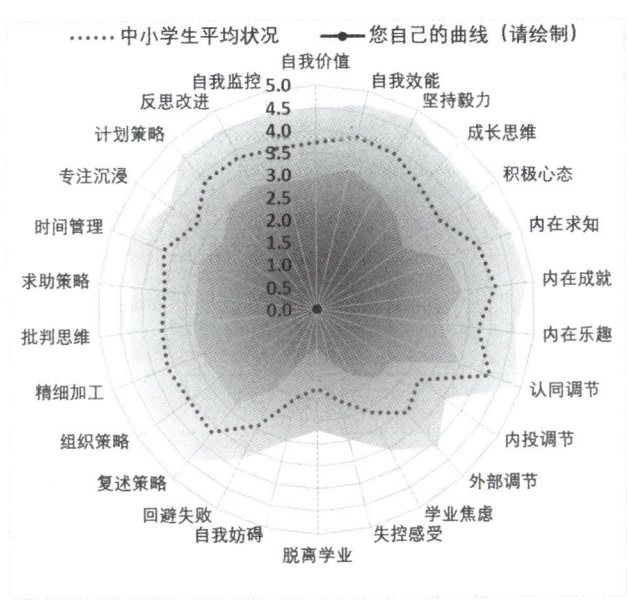

现在的自主学习力雷达图

仔细对比一下,思考如下问题:

1.在左侧的能力区域,您的哪些自主学习能力增长了?您分析是什么原因?

2.在左侧的能力区域,您的哪些自主学习能力降低了?您分析是什么原因?

3.在右侧的动力区域,您的哪些自主学习动力增长了?您分析是什么原因?

4.在右侧的动力区域,您的哪些自主学习能力降低了?您分析是什么原因?

5.在下方的阻力区域,您的哪些自主学习阻力增长了?您分析是什么原因?

6.在下方的阻力区域,您的哪些自主学习阻力降低了?您分析是什么原因?

## 三、成就签署

您已经完成了指定部分的所有练习,您需要对练习的收获有一个正式签署。

### (一)要点回顾

在签署之前,

1.请再看一眼您在查漏补缺练习中有所增强的方面,以及产生的新的启发。

_____

2.从雷达图整体上看,您现在的个人雷达图是不是比以前的更漂亮、更丰满?这意味着什么?

_____

## （二）学生签署

我保证关于补充部分的所有练习都已完成。

学生签名_____日期_____

## （三）监督者签署

我保证这个学生已经完成了关于补充部分的所有练习。

监督者签名_____日期_____

（老师、顾问、父母均可）

# 四、成就证书

---

自主学习力训练

## 成 就 证 书

_____同学

恭喜您

您已经完成了
自主学习力训练计划的如下指定练习：




我保证这个学生已经成功完成了动机和投入项目。

_____        _____
监督者签名 （老师、顾问、父母均可）        日期

---